礫川全次
Koishikawa Zenji
|編|

在野学の冒険

知と経験の織りなす想像力の空間へ

批評社

はしがき

編者が最初に、「在野学」という言葉を意識したのは、山本義隆さんの「十六世紀文化革命」という文章（『論座』二〇〇五年五月号所載）を読んだときでした。この文章は、本書に再掲されていますが、オリジナル版に対し、徹底的に手を加えていただいたものです。ここで山本さんは、近代の科学というものは、十六世紀に、在野の職人が、みずからが獲得した「知」を、日ごろ使っている「俗語」で記録したことに始まるという指摘をされていました。たいへん重要な指摘だと思いました。

なぜ、「在野の職人」だったのでしょうか。山本さんによれば、それは、彼らこそが、自分の仕事で行き当たった諸問題を、自分の頭で、科学的に考察できたからです。たとえば、当時の医者は、手術をする、包帯を巻くといった手を汚す仕事は、理髪師あがりの外科職人にまかせていたそうです。そうした職人たちが、学術用語のラテン語ではなく、ドイツ語、フランス語、英語といった「俗語」で本を書き始めたのが十六世紀でした。まさにこのとき、近代の科学が誕生したわけです。

この十六世紀の職人たちの研究成果、これこそが「在野学」です。アカデミズムの世界の外に

（在野に）位置する研究者による研究成果で、アカデミズムも、その価値を認めざるをえないような研究成果。――ひとつには、これを在野学と呼んでよいと思います。

いま、「ひとつには」と申し上げたのは、別の意味での「在野学」というものも想定できると考えたからです。従来のアカデミズムが扱いきれない、あるいは扱おうとしてこなかった「在野」的な分野にこだわり、そうした分野で、何とか学問を成立させようと努力すること。――これもまた、「在野学」と呼んでよいのではないでしょうか。

「神隠し」のような現象は、現時点では、科学的に解明することができない。記述から出発する民俗学だけが、それを解明する潜在力を有している。――高岡健さんは、本書所収の柳田國男論で、柳田がそのように考えていたと指摘しています。ハッとさせられる指摘です。

ここで柳田が捉えた「民俗学」とは、従来のアカデミズムが扱いきれない、あるいは扱おうとしてこなかった「在野的な世界」を扱う学問ということになるでしょう。ちなみに、柳田國男の関心の対象は、狩猟伝承、妖怪譚、山人譚、民間信仰、諺など、一貫して、「在野的な世界」に属するものでした。つまり柳田國男は、その立ち位置が「在野」にあったというよりは、むしろ、その関心領域が「在野」にあったという意味で、「在野学者」と呼ぶにふさわしい、と思われます。

さらに、高度の「在野的精神」を持つような学者を「在野学者」と呼び、その学問を「在野学」と呼ぶことも許されると思います。これは、本書所収、大日方公男さんの吉本隆明論を読んで、思いついたことです。

大日方さんは、「類は友を呼ぶ」という諺を引用しながら、吉本隆明のまわりには、さまざまな「独学者」が集まってきたと指摘されています。「類は友を呼ぶ」の「類」とは、大日方さんのいう「在野的精神」のことだと思います。吉本隆明は、その立ち位置においても、その関心領域においても、「在野学者」と呼ぶにふさわしい思想家ですが、高度の「在野的精神」の持ち主であるという、その点においても、まさに「在野学者」と呼ぶにふさわしい思想家であり、独学者であると言えるでしょう。

今回、編者として、執筆者の方々の原稿を、誰よりも早く拝読するという至福の機会を得ました。次々と送られてくる原稿に目を通しながら、この本が、『在野学の冒険』というタイトルにふさわしい論集となるであろうことを確信できたのは、大きな喜びでした。執筆者の皆様に、この場を借りて、厚く感謝申し上げます。

礫川全次

在野学の冒険

——知と経験の織りなす想像力の空間へ

目次

一六世紀文化革命

山本義隆

今日は小生の講演にわざわざ来ていただいて、ありがとうございます。遠方から来られた方もおられるようなんで、正直恐縮しております。

今回受賞した『磁力と重力の発見』という本は科学史の本なのです。科学史という学問が学問として自立したのは、実はたかだか五〇年ぐらい前で、二〇世紀の後半です。もちろん科学史、あるいは物理学史の本はそれ以前から存在していたんですが、それまでの物理学史というのは、物理学者が片手間に書く、あるいはリタイアしてから書くというのが普通でした。そういうふうに物理学者が書いた物理学史というのは、現在の物理学の思想や哲学を裏付けるために書かれたり、あるいは啓蒙的・教育的な観点から書かれた本が多いわけです。だから昔の時代のいろんな発見を、現在の立場から見て解釈する、もっといえば自分に都合のいいように、あるいは教育的な配慮に沿うように並べて歴史を書いていた。

科学史という学問は、それにたいする反省からできてきました。そうじゃないんだ、現実の科学研究というのはもっと複雑で錯綜していて、現在の理論にむかって一直線に、予定調和的に発展してきたわけではないんだ。現在評価されている業績にしても、当時の人はぜんぜん別の見方をしていたり、いまとは違う観点で、違う論理的な枠組みで物事を捉えていたケースも多く、同じ言葉を使っていても意味が相当違っていたりする。そのあたりのことをちゃんと実証的に調べなきゃいけないという反省から、科学史という学問ができたわけなんです。

それはいいんですけれども、科学史という学問ができたということは、要するに大学に科学史というポストができて、科学史を教育する大学院ができて、学会ができて、学術雑誌ができて、学者仲間で評価し合うシステムが出来上がっていったということです。この科学史の専門家は、業績を上げなきゃいけないから、同業者相手にものを書く。そうして書かれたものは、たしかに実証性という点ではかつて物理学者が片手間に書いたものとはぜんぜんレベルが違うんだけれども、ただ正直言って、外から見て面白みがなくなった面があるんですね。物理学史であっても、物理屋が見てあんまり面白くない。

僕はそういう学者の世界にいる人間じゃないし、別に学問的業績を上げなきゃいかん立場でもない。ちゃんと予備校で飯食えているんだから（笑い）。そういう立場なんで、やはり物理学史は物理屋が読んで面白くなきゃいけないという思いがあるんです。かといって、もちろん物理学者の自己満足みたいなのではいけない。専門の科学史学者の批判に堪え、物理屋が読んで役に立って、かつ一般の人にとっても面白いものを書きたいと、ひそかにそう思ってきたわけです。

今日、皆さんにお配りした資料のなかに、僕が以前に書いた大佛次郎の『パリ燃ゆ』の書評がありますか。昔、河出書房の編集の人に会ったとき、「『ブック・ガイド・ブック１９８２』という本を出すから、自分が面白いと思った本を一冊挙げて、紹介して下さい」といわれたので、僕は迷わずにこの本を挙げました。本当に面白い本です。しかも圧倒的な資料の裏付けがある。大佛次郎という人は歴史学者じゃなくて、小説家ですけれども、パリ・コミューンについて書いた本で、おそらく世界的にもこれだけの本はちょっとないと思うんです。フランスにもないいんじゃないですか。歴史学者の批判に堪えて、なおかつ一般の人が読んで面白いものの、僕の知る代表例です。僕はちょうどそのころ、科学史の勉強を始めたんで「こういうのをやらないかん」とひそかに思っていました。そういう意味で、今回、大佛次郎賞をもらうというかたちで評価されたのは、本当に嬉しく思っています。

●一六世紀に何が起きたか

本題の「一六世紀文化革命」ですが、この「一六世紀文化革命」という言葉は、おそらく初めて聞かれた方が多いと思います。それはそうで、僕が言い出したんですから（笑い）。例えば「一二世紀ルネッサンス」とか「一七世紀科学革命」という言葉は、西洋史の世界、あるいは科学史の世界で周知の言葉です。それに対して、こんな言葉はなかった。それどころか、たとえばバーナルという人の科学史の本には「一六世紀というのは名前がない」、つまり「特徴がない」と書いてある。あるいは科学史学の重鎮であるサートンは、「一六世紀という時代は一七世紀の前のアンチクライマックス、谷間の時代だ」と書いている。収穫のない時代だと言われているんですね。

確かに一七世紀になると、ニュートン、ガリレイ、デカルトといった、スーパースターが出てくるわけで、そういう華やかな天才の名前というのは、一六世紀には少ない。だけど、一六世紀に知の世界、学問の世界で根本的な地殻変動があったのではないかと僕は思っています。一六世紀という時代の大きな地殻変動の上に、一七世紀の開花があったのです。

それは何かというと、職人、技術者、船乗り、軍人、外科医——外科医というのは職人なんです。当時は、大学を出た医者は手を汚す仕事はやらないわけです。手術をする、包帯を巻く、そういう汚らしい手仕事をやるのは理髪師あがりの外科職人でした——そういう人たちが、実際に自分の仕事で行き当たった問題、あるいは自然との格闘の過程で行き当たった問題を、自分の頭で科学的に考察して、それを俗語で本に書いたということです。俗語というのは、ドイツ語とかフランス語とか英語です。当時の唯一の学術用語はラテン語だったわけですが、ラテン語ではない、普通の人が日常喋っている言葉で職人たちが本を書きだしたのです。これが一六世紀に起った大きな変化なんですね。それは科学そのものの内容を大きく変えていったと思われます。

どういうところを変えたかというと、ひとつは、それまでの学問は、アリストテレス大先生はどう言ったというような文書偏重の知であり、言葉のみによる論証の科学だったのですね。それにたいして職人たちは、実際の経験を重視する知、実験にもとづく科学を対置した。

もうひとつ、それまでの知には秘匿体質がありました。昔からヨーロッパには、「真の学問というのは神様が与えてくれた神聖なもので、選ばれた特別な人にだけ伝授すべきものであって、みだりに一般大衆に明らかにしてはならない。一般大衆には、よこしまな心で神様の知を悪用する不心得なやつがいるからだ」という意識がずっとあったわけです。それにたいして、俗語で書くということは、学問を公共のものにする、誰にでも伝授可能、誰にでも教育可能なものにして、努力と能力さえともなえば誰でも習得できるものにすることでした。

職人たちが俗語でものを書き出したということは、この二点で大きな変化だと考えられます。

●蔑視されてきた職人たち

この時代、職人が学問をするということは、それ自体が大変なことでした。これは今の僕らにはちょっと実感できないですが、ヨーロッパには、「職人たちの手作業は卑しい仕事である」という観念が牢固としてあったのですね。一六世紀ごろまでの西ヨーロッパの大学には、学芸学部、いまで言う教養学部があって、その上に専門学部として法学部と神学部と医学部がありました。

学芸学部で教えられていたのは、論理学と文法と弁証法、つまりラテン語とそれによる論述および論証の技術ですね、それと算術と幾何学と天文学と音楽を合わせて全部で七つです。その七つは「自由学芸」と言われていました。

もう四〇年以上も前ですけど、僕が大学に入ったときに、教養学部で盛んに「教養学部の教育の理念はリベラル・アーツ、つまり自由学芸なんだ」ということを聞かされました。リベラル・アーツ、自由学芸と言われて、何が自由なのかな、いわゆる学問の自由ということかなと思っていたら、ぜんぜん違うんですね。そこで言っている「自由」というのは、「自由人の」という意味なんです。つまりそれに対置されるのは「奴隷の下賤な知識」なんですよ。手作業は奴隷のする仕事で、そうじゃない学問が自由学芸ということなんですね。それはもちろんギリシャの奴隷制社会から始まっているわけで、アリストテレスなんかはそういうことをはっきり言っています。「職人と奴隷はどう違うのか。やっている仕事は同じである。ただ、奴隷は一人の主人に仕え、職人は大勢に仕えるだけであって、どちらも卑しい仕事である」。その職人蔑視・手仕事軽視の風潮がヨーロッパでは連綿と続いていたのです。

一六世紀の前の一五世紀のイタリア・ルネッサンスには、いわゆる天才的な芸術家が出てきたと言われますけど、芸術家というのが出てきたのはその時代なんです。それまでは、絵描きにしろ彫刻家にしろ、単に無名の職人だったわけで、依頼主から「教会のこの壁にこういう絵を描いてくれ」と言われたら、マニュアルにしたがって指示どおりに描くだけでした。それが芸術家としておのれの構想にのっとって芸術作品を創るようになるのは、イタリアのルネッサンスからであって、こうして絵描き職人が芸術家としての画家になって地位が高くなってゆきました。だけども、その当時のイタリアの状況を社会学的に研究したものによると、絵描きとか彫刻家の親はほとんど職人であって、知識階級はいない。それだけ社会的地位は高まったけれども、画家はやはり蔑まれた職人だったわけです。

医学の分野でもそうです。一六世紀にヴェサリウスという人が「近代解剖学の始まり」と言われる解剖学の本を書きますけど、その序文にこんなことが書いてある。「上流階級の医師たちは、古代ローマ人を真似て手の仕事を蔑視し、病人に対する食事の準備はすべて看護婦にまかせ、薬の調合は薬屋に、手術は理髪師にまかせてしまった。医師は外科医をほとんど奴隷のように見下していた」。医学の世界でも、外科医は外科職人として馬鹿にされていたのです。

だからそういう知的風土のなかで職人が学問するというのは、まして本を書くのは、そのこと自体が画期的なことだったわけで、一六世紀にそういう人たちが一斉に出てくることになります。

●職人が本を書き出した

絵描きの世界では、たとえば一五世紀にフィリッポ・ブルネレスキという天才的な建築家が出て、遠近法の理論をつくって、絵画に科学的な理論を導入しました。職人の出ですが、フィレンツェのサンタ・マリア・デル・フィオーレ寺院を建てた建築家で、おそらく建築家としては初めて名前を残した人です。あるいは有名なレオナルド・ダ・ヴィンチなんかもやはり科学的に物事を見ているわけですね。彼のノート類を見たら物理学者みたいなことをいっぱい書いています。力学を論じたり、解剖の絵を描いたりしている。どちらもたいへん科学的になっている。ただこの二人は、本を書いていない。むしろ知識を隠しているんです。レオナルドにしても、ノートをたくさん残したけれども、裏返したような字で書いて、他人に読めないようにしている。

それにたいして一六世紀になると、ドイツ人のアルブレヒト・デューラーという人が出ます。この人はニュールンベルクの金細工師の息子で、版画の技術を身につけて、イタリアに行ってイタリア・ルネッサンスに開眼して、ドイツにルネッサンスを持ち込んだと言われている人です。この人も同じように絵画の理論をつくったのですが、一五二五年にそれをドイツ語で本に書いています。『コンパスと定規による測定術教則』という本で、序文には「絵師だけじゃなくて、家具職人とかそういう職人のために私はこれを書いた」と書かれています。画家や職人のための数学書です。その他にも『人体均衡論』という彼の本が死後に出ていますが、これもドイツ語で書かれています。そういうふうに、彼は自分のやっている絵画の仕事を理論化して、積極的に民衆に公表した。だから、一六世紀文化革命の最初の人はこのデューラーだと思うんです。

同じ頃にドイツでは、パラケルススという医者も出ています。この人はずっと従軍外科医で、ヨーロッパ中を転戦してまわっているんですね。従軍外科医というのは、その当時はいちばん蔑まれていたんです。当時の大学を出た医者というのは、もう王侯貴族か大金持ちか都市の有力者しか診ないわけであって、民間の医療は理髪師とか、田舎だったら産婆さんとか、はては呪術師とか、そういう人が現実に担っていました。あるいはパラケルスス自身が書いていますが、職人の間では職種ごとにいろんな治療法が伝えられていました。鋳掛け屋は出血したときにどう止血するとかね。パラケルススはヨーロッパ中を遍歴する過程でそれらの伝承を丹念に聞き歩いて、『大外科学』というドイツ語の本にしています。これは一五三六年に出たんですけど、ドイツ語の医学書としてはきわめて初期のものです。パラケルススはまた、鉱山地帯に入って鉱山労働者の様子をつぶさに見て、鉱山労働者が罹っている病気を発見して坑夫病と名付けました。これは職業病の初めての発見です。いまの言葉でいうと、塵肺と鉱毒ですね。それを初めて発見して、その病状を記したドイツ語の本を書き、「この病気についてはいままでどんな本にも書かれていなかった」とはっきり言っています。

同じようにフランス人のアンブロワーズ・パレという従軍外科医がいて、同じようなことをやっています。この人も大学とは無関係で、理髪師のギルドで育った人でした。従軍外科医だから、いろんな傷の兵士を手当てすることになります。あるとき大火傷したのがいて、火傷の薬を探していると、たまたまそこに田舎の婆さんがいて、「そういうときは生のタマネギがよろしい。生のタマネギをあてがうと、水膨れしない」と言ったのです。そこから先が科学的だったんですよ。そこでパレはやけどの半分に生のタマネギをあてがって（笑い）、残り半分にこれまでの薬を塗って、次の日、見てみたら、タマネギをあてがったところは本当に水膨れしてなかった。それでもまだ納得しなくて、もういっぺん大火傷した患者が訪れたときに同じことをやってみたら、やはりタマネギをあてたところだけ水膨れしてない。それでやっとその治療法を使いはじめて、そういうのをフランス語の本に書いていています。パレは、大学にいる学者先生が一顧だにしないような民衆のなかの知恵を馬鹿にしないで、かといって鵜呑みにもしないで、ちゃんと科学的な態度で対照実験みたいなことを反復してやってみて、自分で納得して本に書いているのです。

一六世紀に技術的にものすごく発達したのは鉱山業なんですが、ここでもイタリア人のヴァンノッキオ・ビリングッチョという人が出ています。製鉄所や弾薬工場で働いた、大学教育とは縁のない人ですけれども、一五四〇年に鉱山業・冶金業全般についての本を初めてイタリア語で書いています。その頃、高温の炉をつくれるようになって、鉄の鋳造が可能になったわけですね。フイゴで強力な送風装置をつくって、うんと高温の炉をつくり、それで鉄を大量に溶かして鋳型に流し込むという技術が一六世紀の前半にできたわけです。当時の最先端技術で、それをビリングッチョはイタリア語で書いて出版しています。

一六世紀の後半になると、イギリス人のロバート・ノーマンという船乗りあがりの航海用器具の製造職人が、磁針の伏角（ふっかく）という現象を発見しました。コンパスの針を磁石でこすると北を指しますが、ただ北を指すだけじゃなくて、ちょっと下を向く。それを発見したんです。それは磁針の偏角、つまり針が真北を指さずにちょっと東か西にずれるというのとならぶ発見であって、それが地球磁場の理解を深めて、やがて一六〇〇年に地球が大きな磁石であるというギルバートの大発見に至るのです。その伏角の発見をノーマンは『新しい引力』という英語の本に書いて出版しています。一五八一年のことです。

ヨーロッパで航海に磁石――コンパス――が使われだしたのは一二世紀頃らしいんですけれども、偏角は一五世紀頃に発見されています。それは日時計の製造職人が発見したらしいんですが、ただ、それは無名の職人です。誰が、いつ発見したのかわかっていません。職人の発見とか発明というのは本来、そういうものだったわけで、職人の技術には大発見、大発明がいっぱいあるんだけど、大抵は誰がやったかわからない。技術者が初めて自分の発見を「これは新しい発見だ」と表明し、そのことを自分の言葉で書いて本にして出したのが、このノーマンなんですね。そういう意味でこの『新しい引力』というのは画期的な本です。

それだけじゃなく、ノーマンは自然研究の指針と準則として「経験と理性」をあげ、実験もし、さらにこういうことを書いているんですね。「われわれ職人がこういうことを書くと、大学の先生たちは、『おまえたちは数学も知らないから、そんなことはわかっていないはずだ』と言うけれども、実際にはわが国の職人や技術者はいろいろ勉強している。ラテン語を知らないからといって馬鹿にしないでもらいたい。こういう問題に関しては、われわれのほうがよく知っている場合だってあるんだ」と堂々と胸張って言っています。

そして、その一年前の一五八〇年には、フランスでベルナール・パリッシーという陶工がやはりフランス語で本を書いているんです。もともとはガラス職人だったのですが、焼物の釉薬（うわぐすり）を研究して、そこから地質学の研究に入っていった人物です。その人も「人がたとえ哲学者のラテン語の書物を読まなかったとしても、自然の働きを十分よく理解し論ずることができるということを私は言いたい。なぜならば、多くの哲学者たちの、そして最も有名な古代人の理論がいくつも間違っていることを、私は実験によって証明しているからである」と書いています。

職人たちによる技術研究と俗語書籍の執筆というこの一連の動きが「一六世紀文化革命」であり、それが、当時の大学で行われていた文書偏重の知と論証にもとづく学問に代わる、経験重視の知と実験にもとづく科学の形成を促したと僕は思っています。

●知の世界を支配していた古代信仰

ヨーロッパで本当の意味で学問らしい学問が始まったのは一二世紀です。いわゆる「一二世紀ルネッサンス」です。西ローマ帝国が崩壊したことによって、古代のギリシャ、ローマの学問は、中世前期の西ヨーロッパには事実上伝わらなかったのです。それはビザンチン社会とイスラム社会に伝えられたのであって、西ヨーロッパに伝えられたのはキリスト教だけでした。

それにたいして、イスラム社会は、九世紀に、バグダッドに「知恵の館」というのをつくって、貪欲にインドの数学や天文学、ギリシャの哲学や医学をアラビア語に訳して勉強してゆきました。

その後イスラムの社会は発展しものすごく広がって、地中海全域、イベリア半島、イタリア半島の南半分、シチリア島全部を支配下に収めるぐらいになります。当時は、文化的にも技術的にもイスラム社会のほうが圧倒的に上でした。たとえばイベリア半島の水利工事なんて、全部イスラムの人たちがやっている。いろんな植物の品種改良や、ミツバチを飼う技術なんかも開発している。びっくりしたのは、戦争で伝書鳩を使っていることです。情報伝達が軍事にいかに大事かというのを知っていたんですね。

それだけじゃなくて、イスラム社会は宗教的にも寛容な社会でした。キリスト教徒もユダヤ教徒もちゃんと存在が認められていて、税金だけ払っていれば共存を許されていたのです。だからキリスト教徒はイスラム社会と接触し、その経済力と文化の高さに度肝を抜かれて、イスラムの科学を勉強しました。そこからヨーロッパは古代ギリシャの哲学に行き当たって、それをものすごい勢いで一二世紀に翻訳してゆきます。その中心がアリストテレスの著作だったわけです。

それまでのキリスト教の自然観というのは単純で、要するに天地創造と最後の審判ですから、世界は、初めに神様によって創られ、いつか終わるわけです。途中の自然現象も全部神様の恣意にゆだねられているのであって、法則的なものではありません。それにたいしてアリストテレスの自然の見方はまったく違います。「自然はおのずと存在していて、自分の内在的原理にのっとって動いている。だから世界には初めも終わりもないし、合理的に自然を捉えることができるはずである」。この思想はやはりヨーロッパ人にとっては衝撃的だったと思います。

もうひとつ、もっと重要なのは、キリスト教中世にはアウグスティヌスといったローマ帝国末期の思想家が大きな影響力をもっていたのですけれど、彼は、自然を勉強するのはもっぱら信仰のためであって、それを超えたことをやってはいけない、つまり、聖書を理解するために勉強するのであって、単に知的好奇心を満足させるための勉強なんていけない、それは「目の欲」であって、肉体的な欲望のひとつだから克己すべきである、というようなことを言っています。それにたいしてアリストテレスは、『形而上学』の冒頭、本当の一行目でこう書いています。「すべての人間は生まれつき知ることを欲する。感覚はその効用を抜きにしても、すでに感覚することのゆえに愛好される。そのうちでことに愛好されるのが目によるそれである」。「目の欲望はよろしい」と言っちゃったわけですよ。知的好奇心を全面的に肯定したわけですね。

だから本当はアリストテレスの哲学はキリスト教とは相容れないわけで、アリストテレスの学問は初めは弾圧されていたんですけれども、やがてトマス・アクィナスという人が出てきて、うまいことキリスト教のなかに取り込んで、一四世紀にはキリスト教公認の理論になります。もともと哲学と宗教は違うものだし、キリスト教の信仰とアリストテレスの哲学はぜんぜん違うもので、そんなものをひとまとめにすることはできないはずなんだけども、キリスト教はアリストテレスを受け容れました。そうしてできたのがスコラ哲学で、それは中世後期のヨーロッパの大学で教えられることになります。

中世ヨーロッパにおける古代ギリシャ哲学の受け入れは、もちろんアリストテレスの学問の壮大さにもよるけれども、それと同時に、そのときにヨーロッパ人の深層心理みたいなのにあったのは「昔の人はえらい」「昔の知恵はすごい」という古代崇拝なんですね。

トマス・アクィナスの同時代にロジャー・ベーコンという人がいました。この人物は、次のように言っています。神授の知恵、神様が太古に賢者に与えた知恵は、ひそかに語り継がれている。だからそういう知恵を見出して正しく理解すれば、おのずとキリスト教に達するはずである。それゆえ古代ギリシャの哲学とキリスト教の教義が矛盾することはない。そしてアリストテレスが偉いのは、その太古の知恵の一端を明るみに出したからであるというんですね。そこにあるのは、ちょっとわれわれの理解を超えた一種の古代信仰なんです。

この古代崇拝は一五世紀頃まで見られます。一五世紀にいわゆるルネッサンスで人文主義者が登場して、中世に対置したのは、古代ローマの共和制、あるいは古代ギリシャの民主制都市国家でした。彼らは、キリスト教以前に本当に良い社会と優れた学問があったといって、ヨーロッパ各地の修道院なんかに埋もれている古代文書を発掘して歩くわけです。その根底にある発想は、やはり「古いものほど正しいことが書いてあるはずだ」、泉は出だしがいちばん清らかで、だんだん濁ってくるのと同じで、学問もいちばん初めがいちばんよいものだという思い込みです。われわれの進歩史観とはぜんぜん違う歴史観、言うならば退歩史観があったんですね。

そういうふうな古代信仰・古代崇拝みたいなものを、職人たちの仕事は、経験を対置することによって無くしていったと思うんです。

●大航海時代がもたらした衝撃

そういう古代信仰・古代崇拝を打ち破ったいまひとつは、やはりコロンブスとそれ以降の大航海時代の経験だったと思います。コロンブスが一四九二年に大西洋を越えて西インド諸島に渡り、九八年にヴァスコ・ダ・ガマがアフリカ大陸の南端をまわってインドに行く。マゼランの一行が地球を一周して一五二二年に帰ってくる。そんなふうにして、地球全体の様子がわかってくると、古代の学者の言っていたことはことごとく間違っていたとわかってくるわけです。アリストテレスからプリニウスからみんなが言っていたのは「熱帯は暑くて焼け焦げて人が住めない。大きな海があるから地球の反対側には行けない」。その二点は中世を通してずうっと語り継がれてきました。それが間違いだとわかったのです。

その影響が出てくるのが一六世紀の半ば頃です。コロンブスからちょうど五〇年の一五四二年に、ジャン・フェルネルというフランス人がこう書いています。「この私たちの時代は、いかなる点でもおのれを卑下するに及ばず、古代人の知識にためいきをつく必要もない。哲学はすべての領域で古代人を凌駕している。私たちの時代は古代人が想像すらしなかった事柄をなしとげている。太洋は、勇敢なわれらが時代の船乗りたちによって乗り越えられた」。かつてプラトンやアリストテレスやプトレマイオスが語った知識は全部間違っていた、胸を張ろうじゃないかと言っているんですね。あるいは一五七二年に書かれたポルトガルの民族的な叙事詩『ウズ・ルジアダス』に、こんな一節があります。アフリカ大陸南端の喜望峰はその頃「嵐が崎」と言われていたんですけど、それに託して「わしはおまえらが嵐が崎と呼ぶ、あの世に隠れた大きな岬だ。プトレマイオス、ポンポニウス、ストラボン、プリニウス、およそ古人はわしのことを知らなんだ」。昔の人たちは喜望峰なんて知らなかったじゃないかと言っているのです。

一五八〇年には、フランスのミッシェル・モンテーニュがもっとはっきりと言ってます。「偉大な人物であったプトレマイオスは世界に限界を定めたし、古代のあらゆる哲学者は、自分の知識の及ばない幾つかの遠い島々を除いて、世界を隅々まで測り終えたと考えた。ところが今世紀になって、ひとつの島とかひとつの地域とかいうものでなく、われわれの知っている大陸とほとんど同じぐらい、果てもなく大きな大陸が発見されたではないか」。だからキケロがどう言った、アリストテレスがこう言ったなんていうことにこだわるのはあんまり意味がないというわけです。

こうして古代信仰というのは崩れていったと思うんです。大学の先生がいくらアリストテレスがこうこう言っているといっても、職人たちが胸を張って「いや、そんなことには間違いもあるんだ」と言うようになった背景には、古代信仰の動揺と崩壊ということがあったと思います。

たとえば、さっき言ったパラケルススは、バーゼル大学に講義に行って、大学の先生や教育をぼろくそに言っています。当時の医学部の教育というのは、古代ローマのガレノスとか昔の人の本を読んでいるだけなんですよ。「ガレノスがどう言っているか」を文献の中に探すだけでした。

それにたいしてパラケルススは、そんなことやっても役に立たない、やはり医学の教育はもっと臨床の経験にもとづいてやらなきゃいけない、医療というのは現場の患者さんとの治療の実践のなかから学んでいかなきゃいけない、そっちのほうがよっぽど大事なんだということを言っているわけです。

古代人の誤りの指摘は地理学だけじゃなく、医学を含めてあらゆる領域で出てきたのです。

●民衆の学問を阻んだラテン語の壁

もうひとつ重要なことは、これらの職人たちの本が俗語で書かれたということです。そもそも俗語って何なのかというと、単にドイツ語、フランス語というのとちょっと違うんですね。というのも、当時は国語というのはなくて、地域言語としての方言しかなかった時代ですから。ヨーロッパの始まりは、カエサルが紀元前五〇年にガリアに乗り込んで征服したときです。ローマの支配下に入ると、もちろんローマ人はラテン語を使っているわけで、土地の言葉、ゴール語というのはみるみる消えていったみたいです。その後、ローマ帝国は崩壊したけれども、ラテン語とキリスト教は生き延びました。

キリスト教はヨーロッパに布教活動を進めていくなかで、真っ先に支配階級と結びついていくんですね。王様とか権力者を中心に教化活動は進められました。だから中世のキリスト教は支配エリートの宗教だったわけです。そして宣教師と支配階級のごく一部だけがラテン語による文字文化、書き言葉をもっていました。民衆には話し言葉しかありませんでした。

そうやって八百年か九百年経つと、いつの間にか民衆の話し言葉は、書き言葉として残されたラテン語とは、ずれてきたわけです。八一三年のトゥールの宗教会議では「民衆に説教するときには粗野なロマンス語か民衆の言葉でやりなさい」と決めている。ロマンス語というのはラテン語から変化していったフランス語とかスペイン語の前身で、民衆の言葉というのはフランク族の言葉、後にドイツ語とかオランダ語になる言葉です。要するに聖職者の扱うラテン語は、民衆にはもう通用しなくなっていたのです。

七世紀にセビリアのイシドルスという人が『語源論』という本を書いているんですけど、これは言葉の説明と語源が書いてある、言葉の百科事典みたいな本です。そこに「バルバロス」、つまり「野蛮人」の定義に何と書いてあるかというと「野蛮人というのは純粋のラテン語を知らない人間のことである」とあります。だからヨーロッパの支配階級から見たとき、もちろんバイキングとか、スラブの民とか、オスマントルコとかは全部「野蛮人」ですが、それだけじゃなくて、ヨーロッパの民衆も「野蛮人」なんです。

それが一二世紀頃になると、商業が発達して都市ができて、商人たちが力をつけてきますが、彼らは俗語を書き言葉に使うようになってくる。行政機構も複雑になってきて、行政にいろんな文書が要るようになってくると、そこでも俗語が書き言葉に使われていくようになります。『ローランの歌』とか『トリスタンとイゾルデ』とか『ペルスヴァル』とかの俗語文学というのもその頃できているんですね。こうして文字文化が聖職者の独占物であった時代は終ります。

しかしそれでも、学問の言語はやはりラテン語でした。

同じ頃に、さっき言ったように、イスラム社会から科学と哲学をヨーロッパは仕入れていったわけです。ヨーロッパはそこから学問を始めました。そのために大学もつくられました。やる気のあるやつは、イベリア半島の翻訳センターみたいになっていたトレドやシチリアのパレルモに行きました。フランス人も、ドイツ人も、イタリア人も、イギリス人もみんな行って、一生懸命ギリシャ語とかアラビア語を勉強して、翻訳しました。ただそのさい、全部ラテン語に翻訳したのであって、イギリス人だから英語に翻訳するということは絶対しなかったのです。当時の唯一の学問用語はラテン語だったし、ラテン語で書いているかぎり、ヨーロッパ全域にわたる流通性は確保されていたからです。

本来なら民族とか風習が地域毎にばらばらに違っている中世のヨーロッパをひとまとめに「ヨーロッパ」として括れるのは、ラテン語とキリスト教の存在があったからです。ラテン語が学問の用語としては唯一の公用語で、ヨーロッパ全域で学問の流通を保証していました。

しかし学問世界におけるラテン語使用は、同時に民衆が学問に立ち入ることを拒否するための障壁でもあったのです。俗語だって識字率は低かったわけであって、ましてやラテン語を知っているとなるときわめてわずかでしかなくて、学問世界は大多数の民衆つまり「野蛮人」の侵入をラテン語の専一的使用により阻んでいたのです。

それともうひとつ、俗語は卑しい言葉だと見られていたことがあります。俗語というのは、英語でバナキュラー、イタリア語でベルナクロと言って、その「ベルナ」というのはラテン語で、家で育った奴隷のことを言うんですね。家で育った奴隷というのは、同じ生活をしているのに違う言葉を喋っている。そういう下賤な言葉が俗語なんですね。

たとえば宗教改革を始めた神学者マルティン・ルターは、聖書を唯一の規範的な権威として認めているわけだから、自分で聖書を読みなさい、神の御言葉と直接対峙しなさいと主張するわけです。そのためには、当然、民衆が読める聖書がなきゃいけないから、ルターは聖書をドイツ語に訳しました。さらに大衆に訴えかけるためにドイツ語つまり俗語で文章を書いています。そのルターがこういうことを言っているんですね。「私は無知な俗衆のために俗語で執筆するけれども、しかし赤面することはない」。つまり、知的エリートとしてのインテリにとって俗語で書くというのは、普通では赤面するほど恥ずかしいことだったようです。

学問世界はそういう卑しい俗語を使わないことによって、学問というのは特別に選ばれた人だけのものだという、ヨーロッパのずっと昔からある流れを守ってきたわけです。俗語の使用というのは、その流れにたいしてはっきり反旗を翻すということになります。とくに、神学や医学の世界は教会や大学という権威が存在するから、その世界で俗語を使って書くというのは大変なことだったみたいですね。

そもそも宗教の世界では、俗語を使うということはもうほとんど異端と同義なんです。一二世紀から一三世紀のワルド派というのは、リヨンの商人のピエール・ワルドという人がフランス語に訳した聖書を読んで、「教会の言っていることとぜんぜん違うじゃないか」とびっくりして、フランス語に訳した聖書を読む運動を始めて、異端として弾圧されたのですけれども、その審問官がワルド派の信者にいちばん最初にする質問は「おまえはフランス語に訳した聖書の一部を読んだことがあるか」でした。それを読むこと自体が罪なわけです。

イギリスでも、ウィリアム・ティンダルが一六世紀に聖書を英語に訳したけれど、そのあと大陸に亡命して、最後は殺されています。一五四三年のイギリスの条例に「女性、職人、徒弟、移動労働者、自作農以下の階層の奉公人、農夫、人夫は英語の聖書を読むことを禁ずる」というのがあります。宗教の世界での俗語使用は、そのこと自体が権力から危険視されていたのです。

宗教の世界だけでなく、学問の世界でもやはりそうでした。さっき言ったように、医学の世界には、大学医学部という権威があるわけです。イギリスで言ったら、オックスフォードとケンブリッジ出身の医者がつくっている王立医師協会という組織があって、それが睨みを利かせているわけです。

そのイギリスにトマス・エリオットという英語主義者がいたんです。貴族ですが大学なんか行かずに、自宅で勉強した人です。イギリスには一六世紀の早いうちから、英語を大事にしよう、英語を豊かにしようという動きがあったみたいで、エリオットもそういう思想の持ち主でした。

それで一五三四年に『健康の城』という医学の本を英語で書いているんですが、そこにこういうことを書いています。「私が医学を英語で書いたことに、医師たちが立腹しているとすれば、こう申し上げたい。ギリシャ人はギリシャ語で書き、ローマ人はラテン語で書いたではないか」。

同じ頃にウィリアム・ターナーという人が薬草の本を英語で書いたんですが、やはりこう書いています。「これほど多くの医学知識を英語で公表することは、私が職業としている技の名誉に反することであり、公共の利益に反することである、というのも、こんなことをすれば、すべての者、いや、すべての老婆までが医学を用いることになるであろう、と人は咎める」。選ばれた医師だけに許される医学の知識を、英語で書いたことによって民衆に明らかにしてしまったことがいけないと非難されていたのです。

フランスでも同じで、一六世紀中期にアンブロワーズ・パレがフランス語で医学書を書いたとき、やはりパリ大学から激しく攻撃されています。

俗語で書くというのは、それまでの排他的な学問観からの脱却であり、端的に学問を公衆に開かれたものにするという動きだったわけで、それゆえにこそ大変な事だったのです。

●俗語の使用が学問を開放する

一五八一年に、オランダの北部七州が独立宣言を発して、スペイン・ハプスブルク帝国からの独立を果たします。当時、スペインはいまのアメリカみたいなグローバル国家でした。圧倒的な海軍力を擁して、世界中に領土をもつケタ違いにでかくて強い国だったわけです。そのスペインがごりごりのカトリックの国で、ローマの法王庁の後ろ楯になっていました。イギリスとかオランダの宗教改革なんていうのは政治的にはスペインと法王庁からの独立運動なんです。ヘンリー八世にしろエリザベス一世にしろ、おそらく本音では宗教の問題はどうでもよかったんだと思うんです。国家権力の上に法王庁の権力があること、王の権力の及ばないものが国内にあることが、なによりも許せなかったんでしょうね。

　そうやって独立したときのオランダ共和国軍に、軍事技術者のシモン・ステヴィンという人がいたんですが、実にいろんなことをやっている人です。物理でいうと、斜面上に物体があるときに働く重力が斜面成分だけしか利かないという「力の平行四辺形の法則」を発見した人物です。その他に十進法の小数を導入したことでも知られています。

　他にも、こういうことをやっています。アリストテレスの力学では重いものほど速く落ちる、十倍重いものは十倍速く、だから十分の一の時間で落ちると言われていました。それにたいして、ステヴィンは、鉛の球とそれより十倍重い鉛の球を同時に板の上に落としてみた。そしたら、ゴツンという音がいっぺんしか聞こえなかった。つまり同時に落ちている。こうしてステヴィンは、具体的な実験でアリストテレスの間違いをはっきり証明したのです。ガリレイがピサの斜塔でこれと同じ実験をしたという話があるけれど、ガリレイが実際に実験をやったという記録はないし、やったにしても、ガリレイがピサにいたのは、ステヴィンがそれを言った一五八六年より後なんですね。いちばん早くにアリストテレスの間違いを具体的な実験で示したのは、このステヴィンなんです。

この人もやはり、オランダ語で本を書いています。オランダ語で書いたわけは、半分は、新生オランダ共和国軍のエンジニアということで、ナショナリズムの意識があったと思うんですが、単にそれだけじゃない。科学というものは大勢の人の共同作業としてやらなきゃいけない。そのためには自国語で教育されなきゃいけない。彼はそう考えて、そのことを天体観測の例に即して、いろいろ言っているんです。

そこで対象になっているのは、同世代のティコ・ブラーエというデンマークの貴族の天文学者です。ティコの天体観測は、天文学者ヨハネス・ケプラーがケプラーの法則を導いたもとになったものです。精度の点でも当時の肉眼でできる限界を追求したものだったし、継続性の点でも、それまでの天体観測が特別なときしかやらない散発的なものだったのとちがって、毎日欠かさず何十年も続けてやっている、画期的な観測なんですね。

それにたいしてステヴィンが言っているのは、それはティコ・ブラーエが金持ちの封建貴族だからできたんだということです。普通の市民のできることではない。普通の人間の場合、一人ではそういう観測はできない。だから大勢の共同作業でやらなきゃいけない。

それに、いろんな人の観測があって初めて比較ができる。たった一人がやっても比較しようがないし、一人でそういうことをやった人はその成果を公表しない。実際にティコ・ブラーエにとって、観測結果というのは大事な私有財産であって、みだりに人に見せないんですね。ケプラーがティコに弟子入りしたときもなかなか見せてくれない。ケプラーは「ティコはケチで見せてくれない」と知人にこぼしています。一人でやるとそういうふうに秘匿する、私有財産として抱え込む、それじゃいけない、観測の結果はみんなに知らせなきゃいけないし、研究はみんなの作業としてやらなきゃいけない。そのためには俗語で、自国語で書かなきゃいけない。そう考えて、ステヴィンは一生懸命オランダ語で本を書いたのです。

そういうふうに自国語を使うという運動が、一六世紀に一斉に出てきたのです。

●秘匿された知から公開の知へ

そこから国語の形成が始まります。その背景は二つ考えられます。

ひとつは宗教改革。さっき言ったように、ルターはドイツ語に聖書を訳しました。カルヴァンのいとこのピエール・オリヴェタンという人はフランス語に訳しました。ルターは、ドイツにもいっぱい方言があった中から有力なものを選び、それをドイツの誰でもが読めるように整備することで書き言葉としてのドイツ語の形成に貢献し、結果的に標準ドイツ語をつくる動きをすすめていくわけです。どこの国でも宗教改革は、民衆が聖書を直接読めるようにするということで、俗語とされていたものを標準語化して国語化していったのです。

もうひとつは、印刷書籍がちょうどその頃登場したことです。はじめにデューラーのことを言いましたけども、デューラーが生まれ育ったニュールンベルクは一五世紀後半の書籍出版の中心地です。そこで育っているから、デューラーは本の威力を知っていたんですね。

グーテンベルクの『四二行聖書』が作られたのは一四五五年ぐらいで、はじめのうちは、印刷本は中世の写本の延長線上でした。中世の手書きの写本というのはほとんどがラテン語で、大量生産を意識しない一冊ずつつくられる貴重品で、もうほとんど美術品なんです。グーテンベルクはそれに負けないように、きれいな本をつくりました。「印刷でも手書きに負けないぐらいきれいなのができる」というのが初めのうちはセールス・ポイントだったわけです。

しかしそのうちに、大量生産こそが印刷の本当の力ではないのか、写本を真似するんだったら写本でいいじゃないか、大量につくれるからこそ印刷は意味があるんだということがわかってきました。それにそもそもが、印刷出版業は当初から営利事業でした。そうなると、ラテン語の本をつくっても売れる数はたかが知れてる。俗語の本のほうがはるかに多く売れる。それで俗語の書き言葉化が進み、同時に、できるだけ広い範囲に売りたいから、各国で有力方言が選ばれ、そのスペリングとかも統一され、文法も整備されてゆく。そういうふうにして、印刷書籍によって俗語の標準語化、つまり国語化が進められたのです。それが一五三〇年ぐらいからです。ちょうど職人たちが発信し始めるのと同じ頃ですね。

この二つ、宗教改革と印刷書籍の登場を背景にして、俗語の国語化がすすみ、大学の外で職人たちが自分たちの言葉で、自分たちの研究を発表する地盤ができていったのです。私の言う「一六世紀文化革命」の背景です。そしてそれが知識の秘匿体質を打ち砕いていく原動力になったと思うんです。実際には、学問が本当に公共化されるにはそれから二百年かかっていますけどね。

イタリアのパオロ・ロッシという人の書いた本を読んだら、「そういう秘匿体質と公共性というのは魔術と科学の違いなんだ」と言っています。「魔術とか錬金術は特別に選ばれた人だけに明らかにされる秘伝であって、それは科学の対極にある」と。だけど、僕はそうじゃないと思う。魔術であろうが、科学であろうが、錬金術だろうが、中世には全部に秘匿体質があったんです。神聖な学問は特別に選ばれた人にしか教えてはいけないという暗黙のしばりがありました。それが近代になって打ち破られたのです。だからロッシの言っているのはちょっとずれているんじゃないでしょうか。魔術と科学を分けるのがではなく、近代以前の知のあり方と近代以降の知のあり方を分けるのが、秘匿体質と公共性なんだと思うんです。

そして実際にはフランス革命以降になって、学問というものは本当にみんなに公開されるべきものであって、誰でも能力と努力さえあれば勉強でき習得できるものにしなきゃいけないという思想が定着していったと思うんです。

ただ、そのことを最初に明らかにし、実践していったのは一六世紀の職人たちであったと思うんで、それが僕の言っている「一六世紀文化革命」ということなんです。これは本当に僕の造語で、まだ仮説なんですけれども、暇があったらもう少し勉強して裏付けていきたいと思っています。

わざわざ来てもらったのに、いまいち締まりのない話だったかもしれませんが、どうもありがとうございました。

*

この論考は、朝日新聞社刊『論座』(二〇〇四年五月号)、第三〇回大佛次郎賞受賞記念講演「十六世紀文化革命」より収録しました。ただし収録にあたって若干の加筆と修正が施されています。

「ルネサンス」と「一六世紀文化革命」

山本義隆

四年前の著書『磁力と重力の発見』の「あとがき」で私は、一七世紀以降の近代物理学の学説史や思想史というそれまでの「ホーム・グラウンド」での仕事から古代・中世の自然思想史という「アウェー」に越境したことを、「無免許運転にも等しい無謀な試み」だったと白状しておいた。しかし、無免許にもかかわらずさほど大きな事故も起こさなかったからというわけではないが、今回の著書『一六世紀文化革命』は、「ホーム」としての物理学からさらに一層遠ざかるものとなった。それというのも、前著を執筆している過程で痛切に感じたことであるが、これまでの科学史が一六世紀に生じた事態の全容を十全に捉えることにも、正当に評価することにも成功していないという思いからであった。

この点で、たとえば雑誌『現代思想』の「レオナルド・ダ・ヴィンチ」特集号の対談で科学史家の伊東俊太郎氏と美術史家の若桑みどり氏のあいだで交わされたルネサンスをめぐるつぎのやり取りは、示唆的で興味深い。

伊東　哲学史とか科学史、法制史の領域では、ぼくは一二世紀ルネサンスのほうがずっと重要だと思う。

若桑　そうですね。それから次の大変な変化は一七世紀まで、だから一五、六世紀というものは、まったく新しい改革というものはないわけですね。

伊東　そうなんですね。ルネサンスの科学てよく言うけれど、科学史的にルネサンスを言うと、理論で第一級のものはコペルニクスの体系くらいなんですね。

若桑　ぱっととんでますね。

伊東　一二世紀にアラビアから新しい知識が入り、一四世紀にひとつのピークを示し、そのあと一七世紀にいってしまう。

（『現代思想』1975, No.7）

「ルネサンス」という眼鏡では科学史は見えないのか。理論のみに着目することの弊害なのか。しかし他方で伊東氏は、著書『文明における科学』に収録されている論考では「一四五〇年から一六〇〇年までの時代を指すもの」としての「ルネサンス」について、右の対談と同様に「科学史的には、ひとつの頂点から下降し、もうひとつの頂点に上昇するあいだのanticlimaxと言えないこともない」と語ったのちに、つぎのように続けている。

ルネサンスの時代に、とりわけ斬新な科学理論の創出が多くみられなかったとしても、むしろこの芸術と科学の接点において生起した新しい知的態度の形成というものがきわめて大きな意味をもち、これが後の〈科学革命〉につらなる大きな転換を可能ならしめたと言える。……科学史におけるルネサンスの真の意義は……このような新しい芸術家＝技術者の実践と結びついた、世界に対する知的態度の根本的な変質にあった。

この対談と論考をあわせて読むと、一六世紀には、のちの世紀に〈近代科学〉という華々しい成果を生み出すことになる知的態度の変化が、表立っては見えないものの社会の深層で兆し育まれていたことが、おぼろげに浮かび上がってくる。しかしそれとともに、この二つの文書のかもし出すちぐはぐな印象は、この時代の科学や技術を語るにあたっての「ルネサンス」という概念の収まりの悪さ、端的に不具合を感じさせる。実際、科学史と技術史には「ルネサンス」という枠組みでは、零れ落ちるとまではゆかなくとも無理にそこに嵌め込むと歪められ本質が見えなくなる事実がいくつもあるようだ。

たとえばルネサンス研究の嚆矢となったブルクハルトの『イタリア・ルネサンスの文化』には

「一五世紀末にはイタリアは、パオロ・トスカネリ、ルカ・パチョリおよびレオナルド・ダ・ヴィンチを擁して、数学と自然科学においてはまったく並ぶもののない、ヨーロッパ第一の国になっていた」とある。さて、その実相はどうだったのだろう。

実際には、レオナルドの数学研究は、パチョリの幾何学書執筆を手伝ったことをのぞいて、その大部分は自分のノートに書き付けられただけのもので、当時はほとんど知られていなかったし、その内容も独創的なものとは言えない。トスカネリの天文学と地理学も、彗星の観測および地球の大きさを過小に見積もっていたことでコロンブスに影響を与えたというエピソードを別にすれば、それほど評価できるものではない。

特筆すべきはパチョリである。たしかに一五世紀末に出版されたパチョリの『算術大全』は、「一六世紀数学革命」と言われるイタリア代数学の発展に絶大な影響を与えた。しかしその内実はイタリアにおける商業数学――理論（teoria）というよりは実技（pratica）としての数学――の集大成であり、パチョリ自身も商業の実務で数学を身につけたと見られている。そもそも『算術大全』は商人や実務家のための数学書で、トスカーナ俗語で書かれている。実際、この『算術大全』の大きな意義のひとつは、ヴェネツィアの商人が編み出した複式簿記を初めて印刷出版したことにある。

他方で、フィレンツェ・ルネサンスの輝く星ピコ・デラ・ミランドラは、「初期ルネサンス思想のもっとも広く知られた文書」（クリステラー）と言われる同時期の『人間の尊厳について』において、プラトンの語った尊ぶべき「神的な算術（divina arithmetica）」を「近頃では商人たちが精通している術」としての「商人の算術（mercatoria arithmetica）」と混同しないようにと、強調し警告している。学識ある貴族のピコにとって、パチョリの書いた数学など、およそ学ぶに値するものではなかったのだ。

同様に、ドイツの画家アルブレヒト・デューラーが職人たちのためにドイツ語で書いた幾何学書『測定術教則』は、ケプラーに影響を与えたが、厳密に論理的なユークリッドの書とは相当に趣の異なる「大工の幾何学」の書であった。それもまた、アリストテレスが本質の探究とは無縁のものとして切捨て、それまでの知的エリートが見向きもしなかった技芸（Kunst）である。

山川出版社の『世界史小事典』には、端的に「ルネサンスとは古典文化の復興運動のことであり、……」と記されているが、とするならば、パチョリやデューラーによる数学書の著述を「ルネサンス」運動の一環と見るのはいささか無理がある。中世技術史の研究者リン・ホワイト・ジュニアがいみじくも語っているように「科学と技術の歴史において、ルネサンスという観念がものごとを解釈するために有効とは思えない」のである。

西ヨーロッパ社会では、ルネサンス期、とりわけ一六世紀には、知的エリートである新プラトン主義者や人文主義者によって担われていたそれまでのラテン語文化とは別に、商人や職人によって新しい俗語文化が育まれていた。「無学な」手職人たち――外科医も美術家も当時は職人であった――が、自前の言語としての俗語でもっておのれの技術や経験、ひいては自然にたいする新しい見方や接し方を著述し公表しはじめたのである。しかもそれは、手仕事や俗語にたいする社会的な偏見や知識人からの蔑視に抗うことによってなされた。彼らが遭遇した抵抗の厳しさは、一九世紀になっても、ベルリン大学教授ヘルマン・フォン・ヘルムホルツの一二歳年下の弟がギムナジウムを卒業した後に工業学校を志望したとき、父親や教師が猛反対したというエピソードから伺えるであろう。

こうして一六世紀の職人たちは、ラテン語の壁で守られていた少数の聖職者やエリート知識人による知の独占に風穴をあけ、古代以来の文書偏重の学から経験重視の知への転換を促していった。それは一七世紀の科学革命を準備する知の世界の大規模な地殻変動であり「文化革命」と規定するのに十分値する。

私が今回『一六世紀文化革命』でもって描いた事実の多くは、個別的にはこれまでに知られていた。絵画における遠近法やその他の技法の開発と画家や建築職人による幾何学書の執筆、大学アカデミズムの外部で教育された外科医の台頭、画家の協力による解剖学と植物学の図像表現、鉱山業や冶金術・染色術の秘伝の職人による開示、商業数学の発展としての一六世紀数学革命、一六世紀の軍事革命と機械学・力学の勃興、そして天文学・地理学における数理技能者の活躍、といった事実である。しかし、これらがおりからの印刷書籍の登場（印刷革命）と国民国家形成の主要な要素としての国語の形成（言語革命）を背景に、さらには大航海の経験による古代の権威の失墜を追い風にして、軌を一にして全面展開された事態は、巨大なひとつの「文化革命」と捉えることによってはじめて、科学史のなかにしかるべく位置づけられるように思われる。

たとえば「一二世紀ルネサンス」というような概念は、その概念を設定することで、そうでなければ定かには見えてこなかった事態の全容が鮮明に浮き彫りにされることにおいて意味を持つのだと思う。同様の意味において「一六世紀文化革命」の概念も十分な有効性を持つのではないだろうか。

このようなあつかましい主張が、無免許運転者の暴走なのか、それともビギナーズ・ラックで鉱脈の末端を掘りあてたのか、その点の判断は読者の評価に委ねたいと思う。

（二〇〇七年四月八日）

＊

この論考は、みすず書房刊、雑誌『みすず』（二〇〇七年五月号）「「ルネサンス」と「一六世紀文化革命」」より収録しました。

山本義隆（やまもと・よしたか）
一九四一年、大阪府生まれ。東京大学大学院博士課程中退。専攻は物理学。元東大全共闘代表。現在は駿台予備学校講師。著書に、『知性の叛乱』『熱学思想の史的展開』『古典力学の形成』『一六世紀文化革命』『世界の見方の転換』『原子・原子核・原子力』『私の1960年代』ほか。『磁力と重力の発見』で第一回パピルス賞、第五七回毎日出版文化賞、第三〇回大佛次郎賞を受賞。訳書に、エルンスト・カッシーラー『実体概念と関数概念』など。

学なき学校教育、公の理念なき公教育

――在野学の立場から今「不登校」を問う

藤井良彦

「本朝の儒術二千歳、寥々たりといへども、太平日久しければ、世の人文もいよいよやうやく開けぬべし。しからば、今より百年の後は、文字の習も拙からず、義理の学も大に明らかになるべし。文明の國となりて、誠に君子國の名にかなふべし。只今より後、学術の正しくしていやしからず、學者の志眞實にして、聖人の道をあつくたふとび信ぜむことをこひねがふのみ」。貝原益軒『大和俗訓』巻之二

●「一条校」というコトバ

日本国憲法はＧＨＱに押し付けられたものだと多くの人が思っているようだが、少なくとも

「教育を受ける権利」を謳った第二六条に関しては事情が異なる。この権利はマッカーサー草案にはなく、その対案として日本側が出した『憲法改正草案』の「要綱」において初めて登場したものである。

憲法が変わるということは国体が変わるということであるが、それは「学校教育」に関しては理念的には戦後民主主義教育として、制度的には六・三制として知られる公教育としての義務教育のあり方が変わるということである。「教育を受ける権利」は教育法学において、六・三制については教育学において様々に問題とされてきたが、当時は「登校拒否児」と呼ばれた子どもたちの姿を前にして、それは在野においてこそラディカルに問われたのであった。

学校に行くことは義務ではなく権利であるという点が争点となったのは、出席日数が足りないという理由で原級留置、それも除籍「処分」を受けて学校の外に放り出された長期欠席の生徒が少なからずいたからである。しかし、「教育を受ける権利」を振りかざしたところで現実の教育行政は変わらない。実際の対応策は、フリースクールのような「居場所」を学校外に設けることであった。

「一条校」という言葉があるが、これは法的に認められた学校を意味しており、小中学校のみならず大学や高専をも含む特殊な概念である――特殊と言うのは、この概念がおそらく世間一般の人には意味を成さないものだからである。

私は中学校には一日も通わなかった。内申書のない卒業資格を文科省は「形式的」卒業資格としているが卒業したことに変わりはない。学校に通わずとも勉強さえ続けていれば通信制高校などに通って大学に進学することはそう難しいことではない。それは大学進学率が五割に達する全入の時代だからこそ可能となった学歴社会の事実である。

戦前の日本ですら、最初の「小学校令」（一八八六年）から「国民学校令」（一九四一年）に至るまで、就学義務は教科の学習さえしていれば学校外で（家庭又ハ其ノ他ニ於テ）履行されることが認められていた。市町村の学校設置義務ですら法的に規定されたのは一九〇〇年のことであり、寒村では経済的な理由から免除されることもあった。「不登校の権利」を謳う連中もいたが、権利を叫べば教育行政が変わるという思い込みは、戦後の義務教育が建前において義務から権利へと変わりながらも、むしろその保障としての義務が例外を許さなくなったことにより、その教育なるものが「学校教育」として戦前よりも却って強化されているというアイロニカルな事態を前にしては虚しい。

そもそも、「教育を受ける権利」に関しては、教育社会学者の藤田英典氏が指摘されているように自由権ではなく社会権として解釈すべきだという見方もあり、この権利が直ちに学校選択の自由という「教育への権利」を約束しているわけではない。義務教育だから学校へ通うことは義務だというような冗語的な主張は論外だが、子どもを就学させる義務が養育者に課せられている以上、権利を論じるのみでは一辺倒である。

問題は、子どもの権利と親の義務をどう両立させるか、ということであろう。

従来の議論は学校に行くことは義務ではなく権利であるという点にウェイトを置いていたが、私としてはむしろ、「一条校」に籍を置いてさえいれば就学の義務はクリアされているのだから、あえて権利を問題にする必要はないのではないかと問うてみたい。つまり、学校に行く行かないではなく、籍を置く置かないという観点からすれば、私はずっと「一条校」に籍を置いていたことになる——「不登校」というコトバを使う必要はあるのか？

もっとも、「一条校」という言葉は本来こういう使い方をするものではない。それは学校と同一視されながらも、「一条校」以外にも学校はあるという仕方で使われる特殊なコトバである。いわば、「一条校」としての学校をテーゼとして「居場所」としてのフリースクールがアンチテーゼとして立てられる、そうした論理において、この言葉は概念として機能するのである。

「不登校」というコトバも同様である。

私の例を不就学と概念化すれば、それは教育行政に関する政治的な問題ということになる。ところが、それが「不登校」と恣意的に概念化され、「不登校が増加している」などと語られることによって、それは「学校教育」の問題として出来するのである。「一条校」という言葉がその秘教的な意味を顕わにするのもこの時である。「不登校の子どもたち」は画一的な学校教育の問題を身をもって訴えている。学歴偏重の「格好狂育」ではない自由な学校教育が求められている。「一条校」だけが学校ではないのだ、と。

こうした論理が機能しているのであれば、それを敢えて「教育言説」などとして学問的に問題化する必要はないだろう。六・三・三・四という単線型の戦後教育体制を前にして、そうした論理が一定の有効性をもち得たことは事実である。中学校の先生たちに高校進学率を上昇させるというノルマが課せられていた時代、学歴主義の弊害を「不登校」の増加に見る論理は有効であった。高度成長期のあの頃、一九七一年の有名な中教審答申は高らかに「能力主義」を謳っていた。

しかし――、今やそうした事情は変わったのではないか？

教育社会学者の苅谷剛彦氏は、一九九八年に出された著作『変わるニッポンの大学』の「あとがき」において次のように述べておられる。「本書の出版に踏み切ったのは、理由がある。日本の大学は、すでに買い手市場の局面に入っている。にもかかわらず、人びとが教育問題をとらえるときの枠組みは、いまだに「学歴社会」や「受験戦争」を批判するときの、売り手市場（＝入学難）の発想から抜け出ていないように見えるからだ。そのことが、大学のみならず、日本の教育に「思わざる結果」をもたらすのではないか――この種の問題の所在を明らかにするだけでも、それなりの意味があると思えたのである」。

まさに、「不登校」をめぐる従来の議論は、大学が「売り手市場」であった頃に通用したものである。大学全入の時代、それは「思わざる結果」をもたらしやしないか？

従来の登校拒否論においては、私のように「一条校」に籍を置きながら学校の勉強を独習することで大学に入った者の例が無視されてきた。大学に進学した例が言及されるとすれば、それは「不登校」の例が多様であることを示すためであった。

戦後の教育行政によって不就学者が激減し、長期欠席者数の総数が減りつつあった中、その割合において増え続けていたのが神経症様の症状を原因として学校を欠席している例、いわゆる神経症的登校拒否であった。それが遂には長期欠席者数の全体をいくらか押し上げるに至ったのは一九七〇年代後半のことである。その時、登校拒否は長期欠席の特殊例ではなく、むしろ典型例とされた。「不登校」というコトバが使われ始めたのもこの頃である。「登校拒否児」と言われた子どもたちを問題にするのではなく、そもそも学校に行かないということを、つまりは「不登校」自体を問題にする学校や社会こそが問われるべきである――「不登校」が増えている原因は学校にある、と。

しかし、実際に「不登校」が増えているということを示す公的な統計資料はない。その理由はいくつかあるが、私としては「不登校」というコトバは概念であるからそもそも定量化して分析できるものではないという点を強調したい。それは「一条校」と同じように一定の論理を背景として意味をもつ概念である。専門家の多くが「不登校」という言葉は学校に行っていないということを示す客観的で価値中立な用語であると考えているようであるが不見識である。

そもそも、「不」という一字を冠した言葉でもって他人の置かれた立場を言い表すことが価値中立的であるはずがない。離婚したからといって「不結婚」になるわけでもなければ、仕事を失ったからといって「不就労」になるわけでもない。「不登校」という言葉はアメリカの児童精神医学の専門用語non-attendance at schoolの訳語である。なぜそのような言葉が人口に膾炙したのかということについてはまた別に述べるが、ここでは何の考えもなく使える言葉ではないとだけ言っておこう。

それに、学校に籍を置きながらも通学することのない子どもを「不登校」という学校問題として問うことは、一部の教師たちの職責を棚上げすることでもある。教師との折り合いが上手くつかずに学校に来なくなった生徒を問題とするのであれば、それは戸田忠雄氏の言葉を借りれば「教育被害」として問うべきことである。貧困家庭の子どもが通学していないのであれば、それは福祉の問題であり学校の問題ではない。

学校を問うところ、つねに理想の学校像がある。「学校」という理想さえ消せば、「不登校」などという問い立ては意味を成さないのである。いま問うべきことは、「一条校」に籍を置きながらも通学はしていない生徒たちが、まさに買い手市場となった大学全入の時代において何をどう学ぶべきなのか、ということである。

学校に通わない生徒にも教科書は無償で配られる。しかし、その教科書は教師がいることを前提として作られている。問題はあるがどこにも答えが載っていない教科書を使って独習はできない。ところが、これまでにこの単純な事実を指摘した「専門家」を私は一人として知らない。学校の教科書を使ってはそもそも一人で勉強できないということを考えずに、その援助や支援が喧しく叫ばれているのが「学なき学校教育」の現実である。

現行の生活保護制度が高校進学費用のうち「授業料」や「学級費」などの他にも「教材費」を給付の対象としていることからしても、使い道のない教科書が無償で配布されているという「学校教育」の現状は、公教育を義務教育という名の公費教育に限定するものに他ならない。普通教育のうちの九年間は義務教育として国が保障すると謳いながらも、「学校教育」の外に身を置く者たちを公教育から締め出す教育行政、私はこれを「公の理念なき公教育」と呼ぶ。

公の理念を失った公教育は「私教育」である。巷の教育論議が不毛なのは多くの論者が「私」の立場から意見を述べているからである。「学校教育」は公教育という教育行政としてどうあるべきなのか？　そう問わずして抽象的に「学校」を問うところに「私」が入り込む隙がある。

暴力的に「不登校」と一括りにすることで盲点になっていること、それは通学していなくとも勉学は続けているケースがあるということである。既に述べたように、戦前の「小学校令」においては学校外で義務教育を履行することが例外的に認められていたが、それはあくまでも学校の勉強を家で行っているということが前提であった。教科の学習さえしていれば通学せずとも問題ない――これは私が学校に行かなくなった小学六年生の頃に自分なりに結論したことと同じである。

教科学習以外にも学校で学ぶべきことはたくさんある、そう言いたい教育者たちは多いだろう。しかし、「家庭其ノ他」での就学を認めるこの例外的な制度が廃止されたのは戦後のことではなく、戦時教育を法制化した「国民学校令」（昭和一六年）によってのことである。戦後民主主義教育は「学校教育」の理想であったかもしれないが、それが現実には「一条校」における義務教育の公費教育化に過ぎなかったとすれば、その原型はむしろ戦時教育にあったと言えなくもない。もっとも、それが「民主主義教育」であったことの理由はまた別にある。

●在野学による登校拒否論

学歴主義の弊害を登校拒否の増加に見る従来の論の大きな欠陥は、学校と大学の違いを無視していることにある。確かに、除籍という極端な「処分」が行われていた頃には、学校に通わなくなることはそのまま高校への進学が絶たれるということを意味していた。そうした時代、学校の外に出ることはそのまま学歴社会の外に出ることであった。しかし、今やそうした事情が変わっていることは既に述べた通りである。

学校に通わずとも勉強はしている子どもがいること、そして中学校の出席数がゼロに等しくとも籍を置くことのできる高校相当の「一条校」が今では多くあること、そうした事情からして「学校」批判をそのまま学歴社会批判へと結び付けてしまう従来の登校拒否論は有効性を失っている。

そもそも就学の義務は江戸時代の藩校にもあった。いつの時代においても学問を修めることが一定の職に就くために求められていたのであって、それがその時代ごとに何らかの仕方で就学の義務として法制化されているだけのことである。

大事なことは就学ではなく「修学」なのだ。

大学は学校ではない。「修学」ということで言えば、大学にこそ学問はある。多くの子どもたちが学校だけではなく塾にも通い、個人指導まで受けて手取り足取り教えてもらっている時代、大学でも通用する学力を独習によって培うことはとりもなおさず一つの付加価値を養うことであろう。

また、籍を置く、ということで言えば、大学とはまさに籍を置くところである。

従来の登校拒否論では、大学に二つの面があることが見逃されている。多くの人にとって、大学は学生として通うところであろう。その限りにおいて、大学は確かに最終学歴となる最後の学校である。しかし、大学はまた研究者が籍を置く研究機関でもある。

アカデミックな世界とはそうした研究者たちの間に存在する想像的な空間であり、それとは別に「アカデミズム」なる世界が存在しているわけではない。従って、その外部に想定される「在野」もまた実在しない。もちろん、そうであるからこそ「アカデミズム」なる制度的な「知」に対立する理念的な知的空間として在野は存在する。

後に述べるが、私は江戸時代における仁斎学や徂徠学は在野学であると考えている。朱子学が日本思想として展開した原動力は、彼らが在野に身を置く独学者であったことにある。しかし、彼らの独学は独自な漢文の読みという独習法に基づくものであった。

私が「不登校」を在野学との関連から述べてみたい理由もここにある。

高校進学率が九七％を超えるという驚異的な学校社会において、却って難しいのは独習法の習得である。理由は何であれ学校に通わなくなった者にはそれを身につけるチャンスがある。一九九〇年代以降、高卒の職が数分の一にまで減った現代社会において、「不登校」だからといって安易に学歴社会の外に出てしまうことのリスクは大きい。

ここに興味深い例がある。それは京都にあるＮＰＯ法人のシュタイナー学校の例であるが、大学に進学するためには高卒認定を受けなければならないこのＮＰＯ法人の学校――つまりは「一条校」ではない――の卒業生の大学進学率は七割を超えるというのである。

また、文科省が行った「不登校に関する実態調査」によると、平成五年度と平成一八年度においてそれぞれ「不登校」であった生徒の進路を調べたところ、高校進学率は約六五％から八五％へと上昇、大学相当の「一条校」への進学も約九％から二三％へと上昇したとのことである。この手の調査はあまり信用すべきではないが、大勢を窺うことはできるだろう。

とはいえ、進学率が上昇する一方で、例えば高校中退率などは中学校在籍時に「不登校」であった生徒の中退率は全体の約二％に比べると一〇倍以上に跳ね上がるという現実が一方ではある。進学率が上がりながらも中退率は増えている、ということであろう。

そうした「情況」において、いま求められていることは学歴社会の弊害を問うことではなく、現実に即した確実なリスク・マネジメント策ではないだろうか？

単純に言って、それは勉強することである。

もちろん、それは必然的に独習となる。しかし、独習はまた自分なりの勉強方法を確立することである。この点からして、それはまた独学につながるのである。

籍は置くといっても通学はしていない以上、やはり在野ということである。「なにくそと固パンかじって勉強したまえ」と太宰治がどこかで言っていたが、在野に投げ出されたらナニクソと歯を食いしばって勉強するしかないだろう。勉強だけじゃない、学歴だけじゃないと言うのも結構だが、それにより当人が将来的に背負うリスクがどれほど大きいか、教育者は己の立場を振り返ってよく考えてみるべきである。「専門家」として「不登校」に関わる専門職の多くが大卒相当の資格を必要とするものであることを、教育関係者たちは自問すべきである。

●「不登校」というイデオロギー

大学は学校ではない、と述べたが、それは学歴社会を問題とする従来の登校拒否論がその区別をまるで付けていないからである。しかし、その区別を付けずに学歴の名のもとに大学を学校の一つとして数えてしまう論理こそが「学なき学校教育」のもたらした社会通念に他ならないのである。

学校批判が翻っては理想の学校論となる理由は、そもそも「学校」なるものが教育行政による虚構に過ぎないことを看過していることにある。私は学校のことを「一条校」として考えている。

「不登校」であったとしても「一条校」に身を置いていることに変わりはないということからして、そもそも何も問題ではないと言っているのである。「一条校」だけが学校じゃないというフリースクール系の論理はその義務教育化がしばしば議論されていることからしても無効である。

「不登校」であれ高卒相当の資格を取得することが難しくはない今、学歴主義を批判することに意味はない。学歴主義を批判したところで学歴社会が変わるわけではない。「学校」についてのあらゆる理想を捨てれば、大学に入ることができる以上、学歴社会においては「不登校」でも問題はない、という主張に敢えて異を唱える必要はないだろう。

しかし、その大学なるものがまた一つの学校であったならば、そこを目指す理由は確かに学歴だけということになる。これは「学校ぎらい」にとっての一つのジレンマであるが――、私としては独習の力を試す場として大学という学問の場を考えてみたい。

市町村に学校設置を義務づけた義務教育の普及により、多くの人は学校や大学に通う、或いは通わせるということが教育を受けることであり、また受けさせることであると思い込んでしまっている。「教育を受ける権利」は子どもを学校へ通わせることが国家に対する義務であった戦前の義務教育にはなかった子どもの権利であるが、それが現実には学校で教育を受けることを意味するのであれば、それを保障することは「学校教育」の強化となって帰結する。「学校問題」と「教育問題」という言葉が区別なく使われている現状は極めて現代的でありながらも、そのためにこそ「学校教育」なるものが教育行政でしかないことを忘れてはならないだろう。

既に述べたように、「不登校」が学校の問題であるとされてきたことの理由は、その原因が画一的な教育を行っているとされる「学校教育」に求められてきたからである。ホームエデュケーションという言葉があるが、我が国では子どもに公教育を受けさせないというような極端な反政府主義者がいないため、学校に行っていない子どもたちは、ある時から何らかの理由で学校を離脱した子どもに限られる。最初から学校ではなく家で学校教育に相当する教育を受けている子どもはいないのである。

そのためか、「不登校」の子をもつ親からは「ホームスクール」という言葉がしばしば聞かれる。学校に行かずに「居場所」と言われるフリースクールに身を置くか、そこにもいかずにホームスクールに身を置く——、学校の外にも学校があるというおかしな構図に「不登校」の子どもたちは取り込まれていく。

フリースクールの公教育化を謳った学校もあるが、文科省による公認を受けている限り、この学校は確かに「一条校」である。しかし、文科省はそれを「不登校特例校」としている。そのような学校は全国にいくつかあるが、学校の内部にも「不登校」があるという事態にこそ、「不登校」問題の由来はある。その学校は「不登校の子どもたちのための学校」を標榜しているようだが、これは「不登校」というコトバが決して価値中立的なものではなく、想像的に「不登校の子どもたち」を構成してしまうイデオロギッシュな概念であることを物語っている。

教育の世界にはジャーゴンが多いが、「不登校」もまたその一つである。

「学校教育」の問題を「不登校」の増加に見ることで学校改革を促す、そうした理想の学校論に翻弄される「不登校の子どもたち」にならないためにも、「一条校」に籍は置いている、という冷めた見方は必要である。公費教育としての義務教育と理念としての公教育との間に存在するのが「不登校」である。いわば、それは影のごとくグレーゾーンに存在するのであり、それが白となるか黒となるかは本人が決めることである。

もちろん、「学校教育」に問題がないわけではない。「学校教育」の意味は学校で教育を受けることにあるが、問題はその教育が何に基づいた教育なのか、という点が不問に付されていることである。「勉強だけじゃない」とか「基礎が大事」という声はよく聞くが、それがいったい何の勉強で何の基礎なのかはっきりしないために教育談義はつねに虚言をもてあそぶ空論となる。「学びの本質」にせよ「真の学力」にせよ、何を学ぶのか、というコンテンツに関わる議論がなされない限り、虚しいスローガンに過ぎない。

しかし、これは教育勅語を失った戦後民主主義教育の根本的な欠陥なのである。

●戦後民主主義教育とは何であったか？

アメリカの占領政策に影響を与えた神道学者ホルトムは、教育勅語が「儒教倫理」を説くものであることを見抜いていた。かの「神道指令」の草案は、教育勅語の廃止をめぐってはＧＨＱ内部でも意見の相違があったことを示している。結局、それが失効（参院）、あるいは排除（衆院）されたのは民政局の圧力があったからであるが、皮肉にも、それは教育勅語に「人倫の大本」を読み取っていた田中文相の議会での行き過ぎた発言が警戒されたからであった。

戦後日本の学校教育は、これを廃することで儒学という学を失った。

確かに、それを補うために戦後民主主義教育はサイエンスという学を導入した。「科学教育」により民主主義を現実化するための合理的な思考を教える、それが戦後民主主義教育の理想であった。サイエンスを可能にした西洋的な「スキエンチア」（知）のあり方を学ぶことで民主主義の理念を学ぶ——それは虚学としてサイエンスを学ぶということである。

しかし、この点において戦後日本は明治期の日本と同じ誤りを犯した。

儒学を「実なき学問」（福沢諭吉）として西洋の諸学を「実証科学」、つまりは実学として輸入した日本であるが、今度はサイエンスを科学技術という実学として受容したのである。科学技術を習得したところで、その基礎となっている普遍性や客観性といった西洋的な「知」の特質を学ぶことにはならない。

プラトンの学校には「幾何学を学ばざる者は入門を許さず」という不文律があったそうだが、それは何も入学希望者には幾何学の試験で点数をとることが求められていたのではない。実に、数学や幾何学といった学問は西洋諸学における学の理念である。数学という言葉の原語となったギリシャ語のマテーシスは、また学問一般を意味してもいた。ピタゴラスの定理に代表される幾何学の諸定理は、普遍的で客観的な原理が支配している純粋に知性的な世界が実在していることを教えている。戦後民主主義教育がサイエンスによる教育で目指したのもまた、そうした学的に基礎づけられた世界の存在性を学ぶことで、普遍性や客観性といった西洋的な理念を学ぶことであったはずである。

技術と区別されなくなった科学とは「偽学」に他ならない。膨大な予算をつぎ込んだ実験施設でなされた科学的な発見が表彰されたところで、原子力発電に代表される科学技術を用いる我々の「知」のあり方が変わるわけではない。

学なき学校教育がもたらしたもの、それは技術偏重の科学観である。その弊害は今や我が国の起こした世界最大の原発事故においてありありと示されている。戦後の日本が言い出した「科学教育」なるものが原爆開発につながるのではないかとアメリカの国務省は危惧していたそうだが――サイエンスを「正学」とした戦後民主主義教育の運命を占っていたようで妙である。

●「異学」としての在野学

そうした時代において、在野学は世に阿(おもね)ることのない「異学」でなければならない。

後に幕府によって「正学」とされた朱子学を批判的に受容しながらも古学を打ち立てた伊藤仁斎、そしてそれをさらに発展せしめた荻生徂徠は共に独学の士であった。学統として理念的に制度化された学知が、しかし在野における独学者たちによって変容されては再び政治的な領域のうちへと取り込まれていく——そのダイナミズムが思想史を形成している。

伝統的に、わが国において学と呼ばれてきたものには二つある。

性相学と朱子学(性理学)である。

性相学とは法相宗という宗派の教学、つまりは宗学である。「性」とは空性のことであり、「相」とは空の理を性としながらも人間の煩悩が織りなす器世間のことである。法相宗は奈良時代の南都六宗といわれる仏教宗派の一つである。一方、朱子学とは儒教を儒学とした朱熹の思想である。しかし、それはまた四書学という経学として儒教思想史において自律した展開を見せた学の体系である。仏教という教えを高度に学問化したのが性相学であれば、儒教という教えを四書五経というテキストの選定によって学問化したのが朱子学であると言えよう。

現代的に言えばテキストであるが、伝統的には「経」と言われていた。

アビダルマ仏教以来、仏教は経律論という三つの要素によって成り立ってきた。このうち、律は戒律であるから除くとして、経と論、この二つによって一つの宗派が建てられるのである。そこで、同じ経を依経としていても、論が異なることによって教学を異にした宗派が起こることになる。

こうした事情は儒学においても同じである。

四書を経書として定めた四書学が朱子学と言われるのは、それに朱熹が著した『四書集注』という論書が加わるからである。中国における朱子学の展開は、この論書に注釈を加えた「疏」と言われる解説書が続々と出されたことに見られるが、仏教においても論書の解説はまた疏と言われるのであり、経論疏という序列からなるテキストの体系は儒学と仏教学に共通して認められるわけである。そして、その体系が先師の教えを「学」ならしめたのである。

しかし、この学はまた思想として展開した。法相宗は地論宗という中国の古い宗派を批判して立宗されたものだが、これは依経を同じくしながらもその解釈を違えたからである。経が定められている限りにおいて仏教学という枠組みに収まるが、論を異にすることによりその思想——専門的に言えば「教相」は様々に展開する。日本における朱子学の受容は古学派において独特の展開を見せた。それは、四書学を踏襲しながらも、朱子学者とは違った仕方で四書を読むことで可能となった儒学思想の展開である。細かな思想上の相違は抜きにして、彼我の論の相違はあくまでも『論語』や『孟子』といった経の解釈をめぐって生じたものである。つまり、それらは「不伝の絶学」とされる孔孟の教えを四書という教書に読み込む学問的な営みの展開である。

こうした事情は西洋においても変わらない。ギリシャの古典をラテン語に訳しては「注解」を施す、これが「スコラ哲学」として知られる中世における学問の典型であった。現代においても哲学、それも広くは文学という学問はこの営みを連綿として受け継いでいるのである。

「漢学」として教養化された儒学に比べて、性相学は世間から忘れ去られたかに思える。しかし、その用語の多くは「自我」や「意識」といった哲学用語の訳語として今を生きている。そもそも、経学ということで言えば、「文学」とは総じて経学に他ならない。実際、素読や会読といった藩校の伝統的な教授法は原典講読という形で大学院における文学系の授業に残っている。哲文史という文学部が解体するとしても、経学という営みが消えることはないだろう。

かつては四聖として知られていた聖人たちの教えは、その弟子たちによって記録されて伝えられてきた。その記録がテキストとして定立されるところに学問が成り立つ――これが「科学」以前の知のあり方であった。従って、科学以前の学知は宗教と両立するのである。「科学的」を標榜した唯物論という思想が宗教を否定するのも当然のことである。

ともあれ、こうした前近代的な学問を「虚学」として捨て去ったのが明治という時代であるが、不幸にもそれにとどめを刺してしまったのが戦後の日本であった。戦後日本の学校教育は儒学という学を象徴的にも教育勅語を廃することで完全に捨て去ってしまった。それにとって代わるものとして期待されたのはサイエンスであったが――、その「科学教育」なるものが科学技術の開発でしかなかったことは戦後日本の悲劇である。

その弊害は今や目に見えて明らかであろう。

万能細胞さえあれば病気は治る、原発事故は防ぐことができた――もはや科学不信を通り過ぎて「科学者」不信を感じている人は多いのではないか？

しかし、それは科学者の倫理が問われているのではない。根本的に科学という学問の学問性が問われているのである。

北村透谷の「内部生命論」には、「未だ根本の生命を知らずして世道人心を益するの正鵠を得るものあらず」という有名なくだりがあるが、この大正期の文学青年の誰もが知っていたという一文は、高度な科学技術を手にした現代人にこそ響くものだろう。

朝永振一郎や湯川秀樹などがノーベル物理学賞をとったことはよく知られている。

しかし、その同じ時期にあの理化学研究所では仁科芳雄が原爆開発を進めていたことはあまり知られていない。くしくも、日本で唯一のウラン鉱山は福島にあった。原発政策をめぐる政争は主として電力政策に向けられているが、私はさらにその根をたどって我が国における核物理学という科学の責任を問うべきではないかと思うのだ。「科学教育」により合理的な思考を教えるという戦後民主主義教育の理想は最初からその現実を見損なっていたのである。万能細胞さえあれば病気は治る、原発事故は防ぐことができた——私たちの生きる社会はかつてないほど不合理な科学者たちの思考に翻弄されているのではないか？

学なき学校教育、その「実学」に傾いた教育の偏重を問うべきであろう。

●虚学は独学にあり

古学先生と呼ばれた伊藤仁斎であるが、その仁斎に先生はいなかった。彼が習ったのは訓読の仕方だけである。荻生徂徠などは訓読の仕方すら習わなかった。未ダカツテ句読ヲ受ケザリシ徂徠は漢文を「直読」したのである。句読、倒読をせずに白文のまま看読する、その古文辞学のスタイルはそのまま彼がたどった独学の道を示している。彼の父は儒医であったが、その父が何の理由によるものか「江戸払い」されたのは徂徠が一四才の時である。突如として都を追われ、「師友の有りや無しや」と問わざるを得なかった徂徠が見つけたのは、『大学諺解』という一冊の書物であった。

貝原益軒の『文訓』（上之末）には「一師五友」という独学の心得が述べてあるが、その一師とはまさに一冊の書物のことである。朱陸の学を批判した仁斎にしても、その古学を継承しながらも独自に「徂徠学」を世に問うた徂徠にしても、孔孟の原典を独自の仕方で読まざるを得なかったことが、朱熹の集注を批判するというその学問的な原動力となっていたのである。「独看」という言葉もあるが、独りでテキストとにらめっこすることにより培った読解力こそが古学を基礎づけている。

仁斎は在野の人であった。出仕することなく京都の町から出ることすら嫌がったその姿は官途に赴いた徂徠とは対照的である。仁斎に先生のいなかったことは、彼自身が「僕が若き者、学真師無し」（「安東省庵に答ふる書」）と述べていることからして知られる。しかし、そうであるからこそ仁斎は三書学とでも言うべき独自の学問体系を打ち立てることができたのであろう。なるほど、仁斎はお寺で漢文の訓読を学んだようであるが、「猶ほ」を「猶を」と読んだり、「わ」と「は」を混用したりしていることからして、かなり当時の俗語にならった仕方で漢文を読んでいたと言える。

教えられもせずに古典を読めるのか、そう思う人もいるかもしれないが、実は西洋にも似たようなことをして有名になった人物がいる。それは、普遍学の祖として知られるライプニッツである。彼は辞書を片手にラテン語の書物を素読することでラテン語を独習した。何度か読んでいると知っている単語が出てくる。それを辞書で調べてはまたわからないなりに読み進めていく——「看読」である。何度か「看た」言葉から文意を推し量っていく、この独習法こそが現代の教育者たちが求めてやまない「真の学力」を約束するのである。

読めないなりにテキストと向き合い続けることで身につく力がある。

在野であった徂徠のパトロンは豆腐屋の主人であったそうだが、同じく在野であったライプニッツは貴族の家に住みこんで家系図づくりをしていた。彼らが生きていた近世という時代はこのような在野の学者が台頭した時代であったが、それは書物が流通することにより学問所や大学といった制度の外部においても学問を修めることが可能になったという事情による。しかも、彼らはそれを独習するのだから、古典の注解という保守的な営みは必然と揺らぐ。

徂徠学は漢文を直に読むという徂徠の独習法に基づく思想体系であるが、その反徂徠と言われる対抗勢力が体系化した読みの技法が素読である。徂徠の読みには独学者に特有の我流が見られたという。素読は「素読吟味」という科目となってどこかしこの藩校でも教えられるようになるが、独創的な徂徠の「直読」と較べればただの音読に過ぎない。独習こそが学をして思想として展開せしめる原動力なのである。

そこで、彼ら古学派を在野学の一派と評することにしよう。彼らの影響は名古屋玄医や後藤艮山、吉益東洞といった古方派の医師たちにも影響を与えたようだが、彼らの多くがまた独学で医書を紐解いた者であったことは興味深い事実である。

仁斎において実学とは「俗学」とは距離を置いた儒者の学問を意味している。もっとも、これが実学という言葉の本来の意味なのであるが、現代を生きる我々がこの「実」という言葉に真理探究というニュアンスを読み取ることは難しい。徂徠学が経世済民の学であるとしても、それを「実学」とするのは後代の恣意である。

仁斎は儒医と言われる医者として生計を立てることを拒んだ。家計は逼迫し、訪ねてきた親族には「追促訊問」されたと仁斎は述べているが、その学問に向かう姿勢は遂に伊藤家という家学を興すに至った。それは古義堂という名の私塾において連綿と伝えられていったのであるが――、この学校は現代的に言えばオルタナティヴ学校である。「異学の禁」によって藩校を追われた古学派の儒者たちの多くが私塾に逃れたようであるが、藩校と私塾の対立が公立と私立の対立ではなく朱子学か古学かという学統の対立にあったことに注意しておこう。

なぜなら、学のないところで「学び」が独り歩きしているのが現代のオルタナティヴ教育の実情だからである。「学校教育」を画一教育として認めるのであれば、多様な「学び」のあり方を認めることはその反定立となり得るが、「学なき学校教育」ということからすればそこに何の矛盾もなく、「公の理念なき公教育」ということからすれば問題はむしろ画一教育が徹底されていないところにあるのだから、そうした教育論をオルタナティヴとして認める理由は何もない。

この点、古学とは後に「異学」とされたように、まさにオルタナティヴ（異なるもの）であった。それが禁止されることで逆説的にも「正学」としての朱子学という制度的な学問知が形成され、ひいては藩校における教育制度の確立へとつながる――これが独学の威力であり、仁斎や徂徠といった独学者だからこそ「異学」とならざるを得ない、その「異」の及ぼす社会変革の力なのである。

礫川氏の『独学の冒険』にも紹介されている清水文彌という方の『郷土史話』（昭和二年）という本には昔の寺子屋の様子が書かれてあるが、そこには現代人の忘れがちな五友のうちの大事な一人が登場している。

「昔の手小屋は主として手習ひを教へられたもので、それ故門弟の事を一名筆子ともいふた。筆子が入門に際し師匠の家に持参する道具は、机、文庫などで、授業時間は別に決まってゐなかった」。

なんと、寺子（筆子）は寺子屋に机を持参したというのだ。

「一師五友」の一師とは書物のことであるが、その五友とは筆、紙、硯、墨、そして机という五人の学友のことである。今の学校は子どもたちが友達をつくり社会性を身につける場と成り下がっている。「不登校」が問題視される理由の一つにも、学校に行かなければ社会性が身につかなくなるという教育者たちの憂慮がある。

しかし、教師が生徒に説くべきことは、友達をつくり仲良くすることではなく、共に学ぶ学友をもつことでなければならない。生きている一人の人間を前にして「生きる力」を認める力が己にあると信じている人間は教師ではない。「家業人」という藩校の教師の身分は生徒である武家子弟たちの身分よりも低かったが、それでも彼らが教師であることができたのはなぜだろうか？

いたずらに「居場所」を求めるのではなく、「不登校」と蔑称される身分になったならば、それこそ「師友のありやなしや」と問うて、一師五友を揃えるように努めるべきである。とくに、机はよく選ばなければならない。それは文字通りに勉強机であるだけでなく、勉強する場所を意味してもいるはずである。このごろ問題となっている貧困家庭の子弟にしても、その学力が一般に低いことの理由は一つには勉強するための空間が家庭内にないからであろう。最近では、一般に「不登校」とされている一群の中にはそうした子弟の例が多く含まれていることが指摘されている。「学校教育」を端的に教育行政と考えればそうした例の何が問題なのかもすぐに気づかれようが、結局のところそうした境遇に身を置かざるを得ない彼らがそこから脱出していくためにも一つには勉強して進学するしかないという現実から目を逸らすわけにはいかない。

価値的に「不登校」を肯定したところで教育格差は広がる一方である。

私は義務教育という名の「学校教育」を嫌うが、公教育という理念を否定はしない。「学校教育」という虚構がその外部において何をもたらしているか、それを「公」の立場から問えと言っているのである。バウチャー制度（学校利用券制度）を導入したところで、解決されるのは公費教育の問題であって理念としての「公」教育の問題ではない。その公の意味は戦後民主主義教育という理想に求められなくてはならないが、それを問うことはまたサイエンスという学問を問うことでもある。

在野学の可能性、それは科学技術の弊害を目の当たりにしながらも科学振興をやめようとしない教育行政を前にして、功利の学ならぬ実学を「異学」として立てることにある。「一条校」の外部で修学する者たちはその主体となれようか。「不登校」などというコトバは捨ててスクール・マイノリティとでも呼ぼう――少数の側に身を置く者が異端となれるか、いつの時代においてもそれが試されているのではないか？

参考文献（順不同）

寺澤捷年『吉益東洞の研究――日本漢方創造の思想』岩波書店、二〇一二年。

辻本雅史『近世教育思想史の研究――日本における「公教育」思想の源流』思文閣出版、一九九〇年。

辻本雅史「日本近世における「四書学」の展開と変容」『季刊日本思想史』七〇号、二〇〇七年。

古田東朔「江戸期の学習方式」『日本育英会紀要』二集、一九六四年。

中村春作「荻生徂徠の方法」『大阪大学日本学報』五号、一九八六年。

高橋史朗「教育勅語の廃止過程」『占領教育史研究』一号、一九八四年。

三宅正彦『京都町衆伊藤仁斎の思想形成』思文閣出版、一九八七年。

黒住真「初期徂徠の位相――出自・流謫・志向」『日本思想史叙説 第4集』ぺりかん社、一九九四年。（同『近世日本社会と儒教』ぺりかん社、二〇〇三年に再録。）

平原春好「戦前日本における就学義務」『日本教育法学会年報』四号、一九七五年。

平原春好「教育を受ける権利とその制度的保障」『日本教育法学会年報』九号、一九八〇年。

東村元嗣「不登校生の修了認定を考える」『日本教育法学会年報』二六号、一九九七年。

深谷昌志『学歴主義の系譜』黎明書房、一九六九年。

酒井朗、川畑俊一「不登校問題の批判的検討――脱落型不登校の顕在化と支援体制の変化に基づいて」『大妻女子大学家政系研究紀要』四七号、二〇一一年。

結城忠「就学義務制と「学校に代わる私教育の自由」」『季刊教育法』八八号、一九九二年。

鈴木博雄「藩校における徂徠学派の教育活動」『東京教育大学教育学部紀要』一七巻、一九七一年。

戸田忠雄『学校は誰のものか――学習者主権をめざして』講談社現代新書、二〇〇七年。

山本宏樹「不登校公式統計をめぐる問題」『教育社会学研究』八三集、二〇〇八年。

武田勘治『近世日本学習方法の研究』講談社、一九六九年。

折原茂樹他「「教育に関する調査統計の読み方」考――「学校基本調査」における「不登校児童生徒」の検討を中心として」『教育学論叢』二三号、二〇〇五年。

京田辺シュタイナー学校『親と先生でつくる学校――京田辺シュタイナー学校12年間の学び』せせらぎ出版、二〇一五年。

奥地圭子『子どもをいちばん大切にする学校』東京シューレ出版、二〇一〇年。

藤田英典『義務教育を問いなおす』ちくま新書、二〇〇五年。

苅谷剛彦『変わるニッポンの大学――改革か迷走か』玉川大学出版、一九九八年。

藤井良彦（ふじい・よしひこ）
一九八四年生まれ。文学博士（哲学）、思想史家。
著作として、『独学の「不登校」――哲学者の学校拒否論――』（二〇一五年、電子書籍）『「不登校」とは何であったか？――心因性登校拒否、その社会病理化の論理――』（二〇一六年予定）『メンデルスゾーンの形而上学――学問の通俗化から主体化へ』（東信堂、二〇一六年予定）
論文として、「独学者たちの啓蒙主義」（『紀要』一〇号、立正大学哲学会、二〇一五年）「ベルリン自由学校について――最初のフリースクール――」（『ユダヤ・イスラエル研究』二九号、二〇一五年）「論理なき現象のゆくえ――「不登校」現象の現象学的還元――」（『立正大学人文科学研究所年報』五三号、二〇一五年）「渡辺位と小澤勲――登校拒否から「不登校」へ、反精神医学の思想――」（『紀要』一一号、立正大学哲学会、二〇一六年予定）「登校拒否から「不登校」へ――辻悟の論理とその展開――」（二〇一六年予定）

思想としての在野学

——民間学から在野学へ、そして思想としての在野学へ

芹沢俊介

●民間学という先駆

思想としての在野学というテーマを提示された。在野学というひびきがなんとも好ましく、取り組んでみたいと思った。

在野学という言葉はこれまで耳にしたことも、目にしたこともなかった。しかし、まったくの未知の感触かといえば、そうではなかった。というのも、私の中にすでに、民間学という言葉があったからである。

「思想としての在野学」というテーマを提示されたとき、すぐ民間学という用語を想起したのである。在野学の至近のところに民間学がある、このことは間違いないと思ったのだった。

民間学という言葉は、鹿野政直が著書の題名にはじめて使ったのだという(『近代日本の民間学』岩波新書　一九八三年)。それから十四年、鹿野政直の立てた「問題」は『民間学事典』(鹿野政直、鶴見俊輔、中山茂編　三省堂　一九九七年)という形となって集大成された。私は、一項目の執筆を依頼されたこともあって(吉本隆明が主宰していた雑誌「試行」について)、この『民間学事典』を刊行時に手にしているのである。

『民間学事典』は「人名編」(九六〇名収録)と「事項編」(五〇八項目収録)の二冊に分けられている。このうちの「人名編」の帯文に、「からだの学、暮らしの学、故老の学、モノの学、歩き旅する学、ことばの学、嗜みの学、異端の学、こころの学、癒しの学など在野の学をひらき、伝えた『民間学者』960名を収録!」とあり、「事項編」の帯文には「在野の学問」の集大成とある。

帯文は民間学が在野の学、在野の学問だと言っているのである。だとすれば、在野学という用語は民間学とほぼ重なるだろう。まるごと同じではないとしても、両者は深い親縁関係にあるものと考えていいであろうというのが、私の在野学に対する接近の第一歩であった。

『民間学事典』の編者の一人、鶴見俊輔は、民間学を官学との対比において位置づけている。官学とは、鶴見俊輔によれば、学校(官制の教育制度——以下、このような意味で学校という言葉、教育という言葉を用いる＝芹沢)と結びついてつくられた「専門家による学問」のことである。

鶴見俊輔の思想は、次のような理由でもって、「専門家による学問」である官学にきっぱりと訣別を宣している。

人は生まれてくるやいなや問題に投げこまれ、問題を探りあてようとして、問題と取りくむ。学校はそういう自分の問題をかっこにいれる。人はやがて死ぬ。自分に近づく死をもかっこにいれる。自分の生と死、そのなかに含まれる問題をうけとめ、生涯それぞれの時期に形を変えてそれと取りくんでゆく仕事を、学問の外におくようにしむける。

学校制度は、問題をつくる力を教師のみに与えて生徒からはぎとる。学校を終えてからどれだけの人が自分の問題にもどってくることができるか。学校にいる期間が長くなるほど、そしてその後その人が学問を職業にする場合にはさらにむずかしくなる。専門家による学問がそうして成り立つ。(『民間学事典』「刊行のことば」)

民間学は、学校が学問の外におくようにしむけてきた問題を問題とする。その意味で、官学と民間学をわけているのが学校であることを知る。

「人は生まれてくるやいなや問題に投げこまれ、問題を探りあてようとして、問題と取りくむ。学校はそういう自分の問題をかっこにいれる」というときの、「そういう問題」を鶴見俊輔は「親問題」と名づけている(『教育再定義の試み』岩波書店 一九九九年)。「人はやがて死ぬ。自分に近づく死をもかっこにいれる」というときの、「自分に近づく死」は言わば究極の「親問題」である。学校はそのような「親問題」を問題から外し、代わりに「子問題」を、生徒が取り組むべき第一の問題に据える。『教育再定義の試み』の中で鶴見俊輔は、問題を右に見たように「親問題」と「子問題」に区別している。この区別は、思想としての民間学を考えるうえで重要な意味をもっているというのが、私の理解である。

「親問題」はつねに自分にとっての、「いま・ここ」における最大の関心事であり、問いである。それと反対に、つねに学校という自分の外から、第一義的に要求されるのが「子問題」である。たとえば、毎日通学すること、授業を静粛に聞くこと、規則を守ること、教師に従順であること、良い成績をとること、よい学校にすすむこと、そのために受験勉強をすること……。

学校はこれら「子問題」を、子どもたちが全力で取り組むべき最優先課題として設定する。子どもは自分の「親問題」に取り組む以前に、越えなければならない「子問題」という壁にぶつかるのだ。しかも、これら「子問題」が子どもの守るべき道徳律となっているのである。現在における道徳律違反の典型が不登校であり、ひきこもりであるということになるだろう。「子問題」の道徳律への変身によって、「親問題」と「子問題」の価値の逆転が生じる。

鶴見俊輔は、こうも述べている。学校は問題(「子問題」)をつくる力を教師のみに与えている(たとえば校則)。こうして、生徒が「親問題」を探し当てる力がはぎとられていく、と。

では、家族はどうか。学校の意向に沿うように、「子問題」に専心することを、子どもの本分とするという道徳律を基本に子育てにいそしむ家族を、「教育家族」と呼ぼう。「教育家族」という、いかにも民間学的な用語は中内敏夫のこしらえたものだ。[*1]

中内敏夫の定義では、「子の保育と就学の成功を家政上の最大の課題とする教育家族」ということになる。私は、この定義を踏まえ、現代の教育家族を、「子の保育」よりも「子の就学の成功」に圧倒的に重点をおいた家族であり、かつ学校的な意向を「子の保育」の中心に組みこんだ家族のことである、というふうに定義し直して使ってきた。「子問題」に専心することを、子どもの本分とするという道徳律を基本に子育てにいそしむ家族という教育家族の把握の仕方は、これらに根拠を置いているのである。

子どもは自分が、なぜこの家にこの両親のもとに生まれたのかを不思議に思う。自分には二親がいるのに、仲良しの友だちの家には母親しかいないのはどうしてかを疑問に感じる。細かな校則に窮屈と不自然さをおぼえる。祖父母の死を前にして、自分もいつか死ぬことになるのかを考え、不安にとらえられる……これらの問題はすべて自らの内心に沸き起こってきた疑問であるゆえに「親問題」へと転じていく潜在力を秘めているのである。「教育家族」、つまり教育家族化した家族も学校と同様に、子どもたちの関心が、こうした「親問題」に向かうことを嫌い、怖れる。なぜなら、「子問題」への専心からそれるからである。そうなると、将来の道を踏み間違うことになりかねない。

このような学校的なものの意向を全身に感じるゆえに、多くの子どもたちはやむをえず「親問題」への衝動を内心に抱えながら、表面「子問題」にしたがっているかのように振舞うことを余儀なくされるのだ。

右に記したことを踏まえながら、鶴見俊輔の民間学の定義を読んでみよう。

「私たちが生きていること、やがて死を迎えるなかに自分の問題を探しあてることを学問のひとつの道と認めるならば、そこに育つ学問は民間学である。」（『民間学事典』「刊行のことば」）

字義どおりに読めば、民間学は、「親問題」を探しあてる道として成立する、と述べられている。だが、そのためには、これまで述べてきたように、「子問題」に専心させられてきた（現に専心させられている）没主体としての自分を認識し、その状態からの離脱を目指すことが不可欠である。自らが生きて「いま・ここ」において感覚している世界に軸足を置きなおすことが必要である。これを鶴見俊輔は、「学びほぐし」という言い方で表現している。受けとらされた既製のセーターを一度ほぐ

＊1　中内敏夫「児童労働の時代」（『企業社会と偏差値』所収　一九九四年　藤原書店）中内敏夫は「家庭生活の比重が増大してゆく過程は、日本の子どもの就学率の増大と就学することの意味の重さの増大と密接に連携してすすんだ」。ここにいう家庭を誕生させ、先導したのは、教育家族であったと述べている。中内敏夫（教育社会学）の仕事はフランスの「日曜歴史家」フィリップ・アリエスの影響を深く受けている点で、すでに民間学の領野にあるとみなすことができる。

して糸にし、自分のからだに合ったものに編みなおすという例で鶴見俊輔はこの言葉を説明している（『教育再定義の試み』）。問題探し、問題づくりの主体を自分に取りもどす基本的作業のことである。

現代において、民間学とは、「親問題」の取りもどしのことである。右の鶴見俊輔の民間学の定義は、自分という固有の経験（痛み＝『教育再定義の試み』）を問題の起点として大切にするゆえに、このような主体の取りもどしを不可避のものとしてとして要請せざるをえないのである。

主体の取りもどしは、「子問題」第一主義から、「親問題」第一主義への価値軸の転換をともなっている。そして、この過程が、「子問題」を価値の主軸に形成されている学校という世界つまりは「学校的なもの」という枠組み＝体制の解体を含んでいることが了解できるであろう。

民間学という言葉が根底にはらむこのような反逆のダイナミズムを、私もまた、私の考える思想としての在野学において共有したいと思う。そして、さらに一歩踏み込んでみたい。

●外在的であって同時に内在的な問題[*2]

では、私にとっての最初の「親問題」とはなんであったか。一言でいえば、家族であった。もう少し具体的に記すと、同居する家族の中の老いであった。二十代後半の私の生存の不安の大きな部分はここにあったのである。

なぜ家族の中の老いという問題に私が遭遇したかについて簡単に述べてみたい。それには、時間の針を五十年ばかり過去へと巻き戻さなくてはならない。
批評というジャンルで物を書き始めたのは、一九六〇年代末である。その頃の私は、自分が老いることなど想像もしていなかった。それどころか、目の前の一寸先が光なのか闇なのかもわからなかった。「いま・ここ」にいることだけでせいいっぱいであった。当然と言えば、当然かもしれない。一九四二年生まれの私は、若さの真っ只中にいたのであるから。[*3]
したがって、老いの問題は、自分が老いを生きて体験しているわけではないという点では、明らかに私（という自我）にとって外在的な問題にすぎなかった。研究対象としては成立しても、こ

＊2　この項は、電子版「グラフィケーション」三号、二〇一六年四月一五日配信用に書いた原稿と重複があることをお断りしておきます。
＊3　このころ手にした『われらの文学』「三島由紀夫集」の扉に、三島由紀夫自身が記した「二十歳にして心すでに朽つ」という言葉に接したときの驚きというか戦慄を忘れない。三島由紀夫の美意識の底に触れた思いがしたのだ。二十歳においてすでに彼は老人であったのだ。三島由紀夫にとってのこれが戦後であった。「いま・ここ」における生々しい体験をベースに作品を創るよりも、老いと死を核にした人工的な世界の構築と瓦解を主題とした理由がこの一言に集約されていたのである。五十年も前のこと、大学を出たものの何をしていいかもわからず、仕事に就くことをしないまま、時間を埋めようとしてのみ本を読んでいたころの話だ。手元に実物がないのでうろおぼえの記憶をもとに記している。正確ではないかもしれないことをおことわりしておく。

れだけでは批評の主題にはならない。批評において「親問題」になるということは、外在的な問題が同時に内在的な問題でもあるという二重化状態が生まれなければならない、それが「自分の問題を探しあてる」ということの意味だからだ。

　私は、若さの真っ只中にいた。その一方で、当時、老いは実生活面における私の最大と言ってもいいくらい気がかりの一つであった。私には、帰る故郷や頼るべき身寄りをもたない祖母（継祖母）がいたからである。徐々に述べるが、目の前に老いたいのちがあり、その寄る辺のないいのちにすがるようにされながら、何一つ応えられずにいる自分の無力さに、恐怖に近い絶望感をおぼえていたのであった。反面、すがられることのうっとうしさもあった。自分にのしかかっている対象化不能な問題という意味では、老いは十分に内在的な主題であったのである。[*4]

　老いは、私という自我にとって、外在的であって同時に内在的な問題でもあるという二重性として登場していたのである。言葉がこうした二重性を蝕知することができるなら、批評は、あるいは思想は、ここに立ち上がるかもしれない。

　基本条件は満たせた、これで書いていける、と思ったのだった。私は躊躇なく、老いの問題を主題にしたのだった。

　一九七一年三月、私はアルバイト先の出版社で知り合った女と所帯をもった。七三年から三年置きに三人の子が誕生した。先の二人が女で、三人目が男であった。たくさんの時をこの子たちとともに過ごした。この体験を差し引いたら何が私に残るだろうというくらい、貴重な十年であった。

私は、自分に結婚などという出来事が起こるなどということは想像したこともなかった。実際、祖母は「俊介には相手が現われないのではないか」という危惧を抱いていた。だから、初対面の連れ合いの膝に泣き崩れて喜んだのも祖母であった。

私は六八年頃から批評文を書き始めていた。はじめて書き上げた文章を吉本隆明（一九二四―二〇一二）の主宰する思想誌『試行』に投稿した。癩を病んだ若き作家北条民雄について書いた「北条民雄――入院まで」という七十枚ほどの論考である。思いがけないことにこの稚拙な論考は掲載され、以後、細々ながら表現を持続してゆく足場を『試行』に得ることができたのだった。ちなみに、七〇年代は、『試行』に代表されるような、直接購読制の思想の個人誌の全盛期であった。『試行』のほかにも、村上一郎・桶谷秀昭の『無名鬼』、北川透の『あんかるわ』があり、それらを読むことが、私の時代思想の問題との主な呼吸法となっていたのである。そのほかにも幾つかの

＊4　「ルカ伝」第十章の「我が隣とは誰なるか」という問いと、そこに描き出される善きサマリヤ人のエピソード参照。私は祖母の「隣」（隣人）になれたのであろうか。

思想・批評の同人誌もあり、ものぐさな私もその一つ、『艸』に加わったのである。いまから考えると、信じられないような民間学、在野学の思想的光景が展開されていたのである。

所帯を構える直前、はじめて多額の原稿料をもらえる文章を書く機会を得た。四〇〇字原稿用紙に換算すると二十枚ほどの文章「室生犀星――復讐とはなにか」（「グラフィケーション」一九七一年三月号）がそれである。

このエッセイに私は、二十五歳の犀星がうたった、「ふるさとは遠きにありて思ふもの／そして悲しくうたふもの」と始まる抒情詩「小景異情」に、犀星の故郷への復讐心を読むというモチーフを基軸に据えたのだった。

なぜ犀星だったのか、一言に約めれば、犀星が故郷喪失者であったからである。故郷喪失者犀星の、故郷に対するおさまりのつかぬほどの憤懣に、都会生まれ都会育ちである私の、故郷という感覚をえることのできる場をもたぬことの憤懣をこすりつけてみたかったのだろうか。

だが、二〇一六年のいま、読み直してみると、この批評文の背後に隠れていた、ある映像が浮かび上がってきたのであった。先に述べた一九七九年に八十五歳で亡くなった祖母の姿である。

故郷を出て、東京暮らしをするようになって五十年、気がつけばすでに帰るべき故郷は彼女の前から消失していた。祖父の再婚相手として芹沢の名を名乗るようになったものの、その頼りの夫に先立たれ、しかも二人の間に子はなく、親族はとうに死に絶えていた。

後妻ゆえに、父を産んだわけではない。したがって父の母親という位置は形だけのものにすぎず、私の母には疎まれ、老いるにつれ安心と安定とはほど遠い、それこそ孤独な状態で、私の両親のいとなむ家に同居していたのである。

厳密に記すと、母が父と結婚し、その結果それまでの父と祖母親子二人の暮らしが、夫婦中心のそれに移ったのだ。不可避的に祖母の位置は不安定になった。時を経るにつれ、自分の家だと思っていた安定感のある場所が、父母のいとなむ家庭の一隅に同居しているという不安な関係意識に変ってしまったのである。私が物心ついたころにはすでに、祖母の日常は母に気兼ねしながらの毎日であり、居場所感は家の中からとうに失せていたのだった。

私は子ども期の比較的早い時期から、このような祖母の寄る辺なさを基底にした不安をたっぷりと浴びて育ったのだった。祖母の不安は私の不安でもあったのだ。

犀星をめぐるエッセイを書いて間もなく、私は「家族論にむかっての自註」という表題のもとに、一九七二年から七三年にかけ、五本の文章を書いた。「深沢七郎と〈老〉」「吉行淳之介と〈娼婦〉」「島尾敏雄と〈妻〉」「高見順と〈出生〉」「庄野潤三と〈父〉」である。

そのうち前の三本を『艸』に発表し、二本を書き下ろして後に、犀星論、北条民雄論とともに初めての評論集『宿命と表現』（冬樹社 一九七三年）に収録したのだった。

そう、私は、「家族論にむかっての自註」を「深沢七郎と〈老〉」から始めているのである。

ご承知のように、深沢七郎の『楢山節考』（一九五六年発表）は、子が老いた親を棄てる話である。七十歳に達した者は、生きたまま、楢山に棄てられるという村の掟をめぐって生じる、親子の葛藤が描かれるのである。とりわけ老いた母親を楢山に送らなければならない子の心の痛みが読む者に激しく迫ってきた。

外在的に見れば、日本人女性の平均寿命が七十歳を超えたことが明らかになったのは一九六〇年、男性はその十年後の七〇年である。『楢山節考』は、こうした長寿化が現代社会にもたらす困難を見越していたかのような作品であった、そのようなものとして、私の目に映じたのである。

私は、主人公のおりんに八十近い祖母を、その息子に自分を重ねた。息子は掟に従って、母親おりんを背負って楢山にのぼった。では、私は祖母を背負って（背負ったとして）、どこへ行くのだろうか。行くところはどこにもないのだ。

たとえば、一九七七年に発表された「日没前」という川崎長太郎（一九〇一―一九八五）の私小説がある。その中で、弟夫婦の家に同居していた六十歳の主人公私が、弟夫婦に老人ホーム行きを要望されたと書かれている箇所があるのだ。「熱海の海岸よりに設備の相当ゆき届いた、有料老人ホームがあるということは、かねて話にきいていた」と記されている。川崎長太郎の年齢から推して、一九六〇年頃のことであろう。

むろん、私には祖母を背負って有料老人ホームにゆく発想も器量も、もちろん物質的裏づけもなかった。だから、途方に暮れたのである。

ここまで述べてくると、この先にまだ問うべき大きな疑問が一つ立ちはだかっていることに気づく。それは、次のように表される。なぜ、自分は老いの問題をこのように途方に暮れるほど内在的な問題として引き寄せてしまうのだろうか？

理屈として考えれば、祖母の問題は、主に父と母がその解決にあたるべき任にある。二十歳を越えているとは言え、子どもという位置にいる私が両親を押しのけてまでして担う問題ではないし、その責任もない。理屈はそう告げている。理屈どおりに割り切ることができるし、そう割り切って身を処したからといって非難されることは何ひとつない。それなのに、私は、祖母について、誰よりも自分が担うべき問題として引き寄せてしまったのである。これはただならぬことではないか。

自分に向けて発するしかないこうした問いに対しては、私という人間の性格に起因する内面の悲劇であるとともに、私自身の関係意識のあり方がこのような過剰な引き寄せとして現われたのだと答えるほかあるまい。

振り返ってみるとだが、時代はこの頃あたりから、家族の中に、老いを容れる空間を持てなくなっていることがはっきりしてきていた。家族の意識は、自己の内側に楢山すなわち老いの棄て場所を求めるしかなくなったのである。老いたいのちにとって、寄る辺なき時代がはじまっていたのである。

「深沢七郎と〈老〉」を読み返してみると、このあたりのところまではしっかり言葉にし得ていたことがわかる。老いることが抱えざるを得ない問題を、この時期すでに、人間の宿命的な不幸として把握しようとする明確な方法意識は生まれていたのである。すっかり忘れていたことだけれども、『宿命と表現』の「あとがき」でそのことを私は明瞭に記していたのだった。

私という在野の批評意識は、人が老いて、生きながらえるということの幸と不幸を、ひりひりと感受しはじめていたのである。[*5]

「お前さんの批評は教養の出所がわからない」。批評文を発表し始めて間もなく敬愛する文芸評論家月村敏行に言われた言葉である。系統的な読書をしてこなかったことを突かれた気がして、なるほど、そのとおりだと思ったのだった。また、これまでなされてきた作品評価の蓄積を踏まえた文章ではないという批判であった。その一方で、私には、自分の「いま・ここ」に押し寄せてきている問題を除いて、表現の切実な動機はなかったというのも事実であった。その点で、私の言葉ははじまりから在野学の中にあったことになる。

自分の表現世界を批評というジャンルに求めたものの、批評の主題を文学作品の価値と意味を内在的に明らかにするというオーソドックスな作業に、ある種の物足りなさをおぼえていた。むろん、物足りなさの原因は作品にあるのではなかった。作品は十分すぎるほどに豊穣であった。豊穣な世界に自分の生活上の固有の問題を持ち込んでみたいという欲求がそれほど強かったということになろう。[*6] 批評の目的が作品に内在する不安に形をあたえることだとすれば、私が目論んでいたことは、作品批評に自分の不安（つまりは「親問題」）を持ちこんで、あわよくば二つの不安を同時に表面化できれば望ましいということであった。

しかし、こうした問題の立て方で押しとおすと、作品は素材でしかなくなる危険性がある。これに対して私の拓こうとした活路は、自我の範囲を家族にまで広げれば、老いは十分に内在的な問題になるというものであった。家族は私の自我形成以前に存在し、自我形成に直接結びついており、はかりきれない大きな影響をもたらしてきた存在、自我の一部となっている存在だからである。だとすれば、「深沢一郎と〈老い〉」という問題設定もなんとか成り立つのではないか。こ

＊5　拙著『家族という意志』（岩波新書 二〇一二年）において、有吉佐和子『恍惚の人』（新潮社 一九七二年）、真野さよ『黄昏記』（ミネルヴァ書房 一九八一年）、佐江衆一『黄落』（新潮社 一九九五年）の三つの作品を介して、この五十年の家族の中の老いの寄る辺なき状況を素描した。この本を書き上げたとき私は、七十歳を目前にひかえていた。家族の中の老いはいつの間にか自分の問題になってきていることを自ら確認したのである。

＊6　鶴見俊輔は、先の民間学事典の「はじめのことば」の中で、次のようにも記している。「自分の生活を自分の問題の母体としてとらえ、問題を探りあて、それと取りくむことを学問（そのひとつの形）としてとらえるならば、それまでの歴史では顧みられなかった女性の役割を民間学は重くみることになる」。これにならって言えば、老いの問題ひいては家族の問題は、戦後の六〇年代にいたるまでの我が国の歴史の表面にはまだ現われてきていなかったのである。

う記すと、ひらきなおりのように思えるかもしれないが、私としては必死であったのである。

●「死」、「いま・ここ」における私の「親問題」

これまで述べてきたことを箇条書きにしてみる。

- 思想としての在野学は、民間学と踵(きびす)を接している。
- 思想としての在野学は民間学同様、自分の生と死、そのなかに含まれる問題、つまり私にとっての「親問題」を探しあてる道として現われる。
- 思想としての在野学は、「親問題」を探し当てる道の記述に反逆のダイナミズムが孕まれることを必然とする。
- 思想としての在野学は、「親問題」に外在的であることを超えて、内在的に向かいあえたとき開始される。
- 思想としての在野学は、私という人間の生存の不安を主調低音とする。それは野に在ることの不安と常に通底していなければならないのである。
- 思想としての在野学は、それ自身、ジャンルとしての独自性を主張するものではない。民間学という専門領域がないのと同じように、在野学という学問領域があるのではないということ。それは私一個の、対象に向かい合うときの姿勢や態度や意志などとからんでいるのである。

さて最後に、「いま・ここ」における私の「親問題」について記そう。この夏がきて（二〇一六年八月）、私は七十四歳になる。一九七九年三月に、祖母が逝った。八十五歳だった。それから三〇年余を経た二〇一二年一月に父が、二〇一四年八月に母が逝った。父は九十七歳、母は九十八歳であった。

三人が他界したことで、私はずいぶんと軽くなった。これは事実だ。だが、新たな事態が出現してきたのである。物を書き始めたころは外在的であった老いの問題が、四十年経ったいま、自分の問題と化してきたのである。それも、唐突に、である。二〇一二年六月、突然。右目が動かなくなったのだ。神経性外転麻痺、右目が外側に動かないのである。[*7]

片目が動いていて、もう片目が動かなくなるとどうなるか。まず、物が二重に見え始める。次

＊7　これらは主にからだの機能面の障害である。病院で諸検査をした。数値的にはすこぶるといっていいほど、私の体が健康であることがわかった。にもかかわらず、眼球麻痺は起こったのである。原因不明。処方された薬がビタミン剤と血をさらさらにする薬だったので、以後、通院は時間の無駄だと判断し、一切やめた。当初と比べて回復度は現在、九割近くであろうか（二〇一六年三月末日現在）。これについての詳細な記述は、竹内敏晴セレクション２『「したくない」という自由』（二〇一三年　藤原書店）に寄せた巻末の解説「私の中の竹内敏晴　私の外の竹内敏晴」でおこなったので、関心があるかたはご覧いただければ幸いです。

に視野は前方に向って急角度に狭まるのだ、まるでこの先に道がないかのような感覚にとらえられるのである。当然、歩行が困難になる。歩く姿勢が極端に悪くなったのだ。必然的に歩くこと、からだを動かすことがいやになる。すぐに横になりたくなる。外出がおっくうになる。人に会うことがいやになる。目が物を見ること自体を拒むようになる。目が世界を受け入れられなくなると、それにともなって他の感覚も弱まっていった。とりわけ味覚の衰えは激しかった。それこそ瞬く間に著しく老衰した、と思った。

　私の心身はさらに、死へと傾いていった。このまま眠って、明日の朝、はたして今朝と同様、目ざめるのだろうか。死は眠りだ、そう考えられるなら、死もいまの自分にとって悪くはない[*8]。

　しかし、死は永遠の眠りだろうか、ほんとうに永遠の眠りであるのだろうか。死んで死体となったとみなされ、焼かれるのだろうが、私はそのとき目ざめないのだろうか。それとも魂という存在の基体があって、魂を包んでいたからだが永遠の眠りについたのを見極めたとき、そっとからだを離れるのだろうか。では、離れた魂はどこへ行くのだろうか。

　来世の問題がここからはじまる。信の問題が私の中で起き上がろうとしているのだろうか。眼球麻痺という未知の野にさ迷い出て発見したのは、このような古くて、そしていつも新しい問題であった。

＊8　「死んだらどうなるかってことは、もう経験済みだよ。あなただってそうだ。人はそれを睡眠と呼ぶが。」アメリカの作家、カート・ボネカットの発言。（スタッズ・ターケル『死について！』所収　金原瑞人他訳　原書房　二〇〇三年）

芹沢俊介（せりざわ・しゅんすけ）
一九四二年、東京生まれ。上智大学経済学部卒。文芸・教育・家族など幅広い分野で評論活動を展開。現代の家族や学校の切実な課題、子どもたちの問題を独自の視点から捉える。我孫子市在住。
著書に、『引きこもるという情熱』『「存在論的ひきこもり」論』『母という暴力』『ついていく父親』『「いじめ」が終わるとき』『幼年論』（吉本隆明氏との共著）『親殺し』『若者はなぜ殺すのか』『阿闍世はなぜ父を殺したのか』（共著）『家族という絆が断たれるとき』『宿業の思想を超えて――吉本隆明の親鸞』『家族という意志』『養育事典』『愛に疎まれて――〈加藤智大の内心奥深くに渦巻く悔恨の念を感じとる〉視座』ほか多数。

在野学としての〝社会学〟

八木晃介

●たとえば、「私」について

インターネットの検索エンジンをもちいて私の氏名（八木晃介）を検索すると、最初にヒットするのがインターネット百科事典〝ウィキペディア〟です。そこには以下のように記載されています。

「八木晃介（やぎ こうすけ、１９４４年９月—）は、日本の社会学者、差別問題研究家。花園大学名誉教授」と記したうえで、私の略歴として、「京都市生まれ。１９６７年大阪市立大学文学部社会学科卒、毎日新聞記者となり、千葉支局、東京・大阪両本社学芸部で勤務した後、１９９１年退社、１９９２年花園大学文学部教授・同人権教育研究センター所長。２００９年退職、特任教授、２０１５年名誉教授。上田正昭、水野直樹らと共に『朝鮮学校を支える会』の呼びかけ人も務めている。また、部落解放同盟と連携し、部落差別問題に取り組んでいる。安楽死、尊厳死の法制化に反対であり、『安楽死・尊厳死法制化を阻止する会』の世話人も務めている。近年は禁煙ファシズムなど国家による健康統制に疑念を表明している」などと紹介し、さらに私の著書（単著）を三〇冊ほど紹介してくれています。

誰が書いたものかは知るよしもなく、また、〝ウィキペディア〟の方向性がやや右向きで、しかも、事実の記述に誤謬がふくまれていることが少なくなく、ゆえに私はこれを滅多に利用しませんが、前掲の私についての紹介文についていえば、卒業学科名や大学退職時期の誤記といった細部はともかくとして、大筋のところでは間違っていません。

〝ウィキペディア〟に描出された「日本の社会学者、差別問題研究家。花園大学名誉教授」については、一方で私もそれが私のアイデンティティの中核要素の一つであるような気分になりつつも、他方においては何かしっくりと胸におちないものを感じ続けています。長く「差別問題の社会学」を専攻してきたこと、四〇冊ちかい著書（単著）の半分以上がその領域にかかわる作品であったことは事実だとしても、ホンモノの（つまり、オーソドックスでアカデミックな）社会学者であるか否かを自問したときに、やはり、少なからず赤面しないではいられない自分自身を自覚しているからだとおもいます。

学部で社会学を専攻はしたものの、大学院に進学しなかった私は、社会学研究についてアカデミックなトレーニングを本格的にうけたことがなく、ほぼ全面的に〝独学〟で押し通してきたとおもっています。ただ私にとって有利な条件があったとすれば、それは学部卒業後に就職した毎日新聞社における持ち場が学芸部だったこと、そこで社会科学一般と医学、くわえて差別問題の担当記者でありつづけたことでした。このようにかなり恵まれた職業環境があったればこそ、私は、礫川全次さんが強調される「独学者の原点（心構え）」、すなわち①若いときの関心を持続せよ②最初の発想を大切にせよ③研究の成果をまとめ、公表せよ（礫川全次著『独学の冒険・消費する情報から知の発見へ』批評社、二〇一五年、pp.61-69）――を、限界含みながらある程度まで実践できたのではないかと今にして振り返ることができます。

私が部落問題にはじめて接触したのは一九六四年の春、まだ教養部在籍中で、当時文学部に設置されていた一一の専攻のどれに進むかを決めていない時点でした。大阪市立大学の社会学教室が大阪市の委嘱で実施した被差別部落の生活実態調査にたまたま調査員として参加することになり、住吉区の住吉部落に入ったのが出発点でした。「部落問題の解決は国の責務であり、同時に国民的課題である」とうたった同和対策審議会答申（総理府）がだされる前年のことであり、当時の被差別部落は厳しい差別と、それによる悲惨・貧困に埋めつくされている状況でした。京都市で生まれ育った私は、むろん、被差別部落の存在や部落差別の厳存を観念的には一定理解しているつもりでしたが、しかし、現認したその実態には私の想像を絶するものがありました。ただ、私が最初に体験した住吉部落において、そのような絶望的な環境をものともせず、怖めず臆せず、正直に爽やかに清潔に部落解放運動をたたかう住田利雄さん、大川恵美子さん（いずれも故人）といった人々に出会って親交をもてたことは私にとって最大の幸運でした。そのとき、私は「将来どんな仕事をすることになっても、少なくともこのような人々を絶対に裏切るようなことをしてはならない」と決意し、それが以後の私の生活綱領になったといっても過言ではありません。

住吉部落経験の後、社会学教室にはいる前後、大阪市内や関西一円の被差別部落をいくつも経験するのですが、状況はいずれも極端に劣悪であり、周囲の差別意識も猛烈であって、戦後部落解放理論構築に寄与した朝田善之助さん（元部落解放同盟中央執行委員長・故人）の「日常部落に生起する問題で部落民にとって不利益な問題は一切差別である」という有名な極論的テーゼがまさに問題状況の説明原理としておおいなる有効性をもっていたとおもいます。とはいえ、実際の課題として自分は何をどうかんがえ、どう行動すべきなのか、なかなか鮮明には見えてきませんでした。人間は、一生の間に何度か「目の鱗がおちる」体験をするものです。暗闇に一条の光芒をみとめるあの感動です。その最初の体験は、私の場合、社会学を専攻するようになってしばらくして出会ったカール・マルクスです。彼の短い文献『賃労働と資本』のなかに、次のような一文を見出したとき、私は部落問題をふくむ差別問題がことごとく解決可能であるという確信をもったのです。単純といえば単純ですが、それまでは幼い頭を抱えるばかりだったのに、マルクスを契機に「夜明けは遠くない」と信じるようになりました。

「黒人は黒人である。一定の諸関係のもとで、はじめて彼は奴隷となる」（村田陽一訳、国民文庫版、大月書店、一九五六年、p.44）。

『賃労働と資本』は、大著『資本論』のいわば入門解説書のような書物であって、マルクス経済学をまなぶ人々の必読書と位置づけられる文献ですが、私は、これを独自に社会学の言説として掌握し、マルクスを社会学者として認識することにしました。今でこそマルクスは社会学史のなかに重要な位置を占めるにいたっていますが（もっともマルクス自身は自分のことを一度も社会学者として同定したことはなかったのですが）、そのようにとらえられるようになったのは、私の理解に間違いがなければ、一九七〇年代になって以降のことであり、そのことにもっとも尽力したのは英国の社会学者アンソニー・ギデンズ（トニー・ブレアのブレインでしたが、ブレアが米国のイラク戦争に加担することを表明したことに抗議し、ブレアから離れました）だったとおもいます。

上記マルクスの言説は、マルクスがリンカーンの奴隷解放政策を支持していたことと関連があると私は見ていますが、それはともかくとして、この言説は有名な水平社宣言（一九二二年）における「吾々がエタであることを誇り得る時がきたのだ」や、一九六〇年代以降の「Black is beautiful!」、また一九七〇年代からの「Gay is the way!」といった、いわば〝開き直り型アイデンティティ・コントロール〟のスローガンに直結する言説であって、私はかなり早い段階でそれを直感することによって目の鱗を落とすことができたのだとおもいます。要するに、黒人は肌の黒さゆえに白人の奴隷にされたのではなく、「一定の諸関係」、すなわち搾取・侵略・抑圧・差別といった経済的、政治的、社会的な諸関係こそが元凶であって、したがって、差別問題の解決は、黒人を白くすることでもなければ、女性を男性に変えることでもなく、障害者を健常者にちかづけることでもなく、部落民を非部落民にすることでもなく、まさに、黒人は黒人のまま、女性は女性のまま、障害者は障害をもったまま、部落民は部落民のまま、それぞれ人間として解放されることが眼目であって、そうした展望を窒息させる現行の「一定の諸関係」を否定し、オルタナティヴな「一定の諸関係」に変革すること、それが以後の私の差別問題にかかわる社会学研究についてのスタイルになり、そして、このことが本質的なところで現在の私の問題意識でもありつづけているわけです。

マルクスが徹して在野の研究者であったことが私を激励したことも事実です。マルクスは哲学の学位を取得しアカデミックな研究職につくことを目指したけれども、彼が所属したヘーゲル学派への弾圧が強まるなかで教職につくことを断念し、以後、『ライン新聞』の編集長に就任したりもしたものの、基本的には赤貧洗うがごとき生活をつづけるなかで（フリードリッヒ・エンゲルスらからの経済的支援はありましたが）、主として哲学・経済学、それに彼自身は意識しなかった社会学において瞠目すべき業績を蓄積しました。ちなみに、マルクスの先行者ヘーゲルは晩年にベルリン大学の正教授になりますが、それ以前には『バンベルク新聞』の編集者などをつとめていたこと、さらに私が部落問題に目覚めたのと同じ二〇歳前後の頃にフランス革命を体験して、「世の中には変わるということがあるのだ」と実感したというエピソードにも私はつよく刺激されていました。

ところで、私の五〇年ほどにもなる職業生活は、前半の新聞記者と後半の大学教員とでおおむね半分ずつということになります。前半の新聞記者生活では、最初の三年間ほどの千葉支局勤務を除けば、あとの二〇年余は東京本社と大阪本社の学芸部でのみ仕事をしました。新聞記者としては異例ともいえるありようが私にとって有利に作用したことは既述したとおりですが、その間、私はいつもマルクスとヘーゲルの新聞記者時代（その詳細をよくは把握できませんでしたが）を想像し、部落問題などの差別問題と、やはり反差別の視点で接近する医学・医療の取材分野において、なるべくアカデミックなジャーナリストたるべく努力し、その際、一方ではマルクスのいう現今の「一定の諸関係」の変革をめざし、他方ではヘーゲルの「世の中には変わるということがあるのだ」という実感の追体験を求めつづけていたと今にして思いあたります。

礫川全次さんが強調された①若いときの関心を持続せよ②最初の発想を大切にせよ、という「独学者の心構え」を保持しつつ、それをある程度まで実践し、そして、③研究の成果をまとめ、公表せよ、についてては、とにもかくにも「書くこと」に専念し、最初の『差別糾弾・その思想と歴史』（一九七六年二月、社会評論社のち批評社）から現在にいたるまでに四〇冊近い著書（単著）を積み上げてきたのですが、その半分ほどは新聞記者時代の仕事でした。これらの仕事が縁になって、大学に招聘されアカデミズムの世界で後半の職業生活をいとなむことになるのですが（とはいえ、私は大学に移ってからは〝ジャーナリスティックなアカデミシャン〟であることを志しました）、〝在野〟が、辞書的には「官途に就かないで民間にいること」（広辞苑）、「公職に就かず、民間にいること」（大辞林）であってみれば、新聞記者も私立大学教員も〝在野〟であるにはちがいありません。

オーソドックスな学的トレーニングを受けなかったことによって、逆に、私は「日本の社会学者」（ウィキペディア）たりえたのではないかと思っています。学派や学閥に縛られることなく、自由自在に社会学的な想像力を駆使し、差別問題や医学・医療問題の理解のために、〝ご都合主義〟にもみえるほどに、使える社会学理論はなんでも使うというある種の功利主義、つまり、個人的行動や社会制度を、それらが人間の幸福にもたらす効用を評価の基準に設定するという視座のもとに活動してきたからです。社会学プロパーの研究者からすれば、私が噴飯ものの議論を展開しているようにみえた場合があるかもしれませんが（実際にそのような批判を受けたこともあります）、私は全然それを気にすることがありませんでした。

というのも、私は私自身の〝感受性〟に依拠することを新聞記者時代からこころがけてきたからです。感受性などという、それこそ感性的で主観的な概念を用いること自体が職業的研究者からの批判・非難をよびおこすのですが、しかし、先に登場した英国の社会学者A・ギデンズなどは「社会学は、一人ひとりの経験の実在性を、否定するものでも軽んずるものでもない。むしろどちらかといえば、われわれ自身があらゆる面で組み込まれているより広い社会活動領域にたいする感受性を養うことで、われわれは、自分自身の個々の特質や、さらに他の人びとの個々の特質をより豊かに認識できるようになるのである」と強調するほどです（松尾精文ほか訳『社会学』改訂新版、而立書房、一九九三年、p.10、傍点筆者）。

たとえば社会調査において、質的データを数量的に客観化することは方法的に困難ないし不可能とするのが社会学的常識でしょうが、私は、いくつかの地方自治体から委嘱された〝市民人権意識調査〟の解析において、この方法を意識的に採用し、かなり早い段階で、部落差別意識にかかわる〝ねたみ差別意識〟の両義性（純然たる差別意識と、モノトリ主義的傾向をもつ解放運動とそれに迎合する行政への正当な批判）をかなり鮮明に剔出することに成功しました。詳細は拙著『部落差別のソシオロジー・解放理論の脱＝構築のために』（批評社、一九九四年）の第10章「人権感覚の言説分析・意識調査における自由回答の分析」を参照していただきたいのですが、自由回答と選択肢回答とをじっくり読み切るなかで、私の内部に立ち働いた感受性に依拠してその方法の採用に踏みきったのであって、これもまた独学的在野性に居直って蛮勇をふるった結果ということになるかもしれません。

●たとえば、「G・ジンメル」について

一九世紀から二〇世紀への世紀転換期の社会学者（社会学の第二世代）として、エミール・デュルケーム、マックス・ウェーバー、ゲオルグ・ジンメルをあげることは今や常識であり、現に彼らの社会学理論（デュルケームの実証主義、ウェーバーの理解社会学、ジンメルの形式社会学）は現代社会学にたいしても無限の貢献をなしています。ただし、前項にふれたように、上記三人に先行するマルクスがA・ギデンズによって社会学の巨星として焦点化されたのは一九七〇年代でしたし、

デュルケームとウェーバーを社会学理論発展の父として巨星化したのは米国の機能主義社会学者タルコット・パーソンズの一九三〇年代の仕事においてでした。ここでとりあげるジンメルについていえば、巨星的な位置づけをあたえられるようになったのは第二次大戦後のことであり、ロバート・K・マートンが自己の機能主義理論に、またハーバート・ブルーマーが自己の象徴的相互作用論に、さらにいえばピーター・L・バーガーが自己の役割理論にジンメルをとりいれたことが大きかったとされています。

独学者・私がジンメルに注目したのは、もちろん、上記のような学的潮流を下敷きにしてのことではなく、既述したようにマルクス『賃労働と資本』との出会いが偶然であったのとちょうどおなじように、まったくの偶然でした。「カラスのなかない日はあっても、いじめ報道のない日はない」と、いじめが大きな社会問題になった一九八〇年代中頃、私も新聞記者としてその渦中に参入せざるをえなくなり、毎日新聞（大阪本社発行紙面）にいじめ問題を五回にわたって連載したのですが、その時、たまたま参考文献として手にしたのがジンメル著『秘密の社会学』（居安正訳、世界思想社、一九七九年）でした。その趣意を胸にして、私は一応納得できる連載を完成させたと今でもかんがえています。そこには次のような非常に重要な一節がありました。

「排除されていない者は包括されている」（p.109）。

当時のいじめ問題についての文献は、たとえば森田洋司・清水賢二著『いじめ・教室の病い』（金子書房、一九八六年）などを除くと、その大部分がいじめを〝いじめっ子〟対〝いじめられっ子〟

の二者関係において論じていました。しかし、かんがえてみれば、教室には〝いじめっ子〟と〝いじめられっ子〟以外に、圧倒的多数の子どもが存在しているわけであり、おそらく問題の本質はむしろ加害当事者と被害当事者以外の圧倒的多数の子どもの質というか、そのありように伏在しているのではないかとおもわれたのです。この三者関係の構造の問題性は、各種の差別問題でもおおむね共通しているものといえるのであって、問題所在はつねに圧倒的多数の〝ふつうの市民〟に収斂していくのです。

〝いじめっ子〟と〝いじめられっ子〟以外の圧倒的多数者の教室内での位置的性格は、いわば〝傍観者〟ないし〝観衆〟であって、いずれもいじめの抑止力たりえず、むしろ無意識的・無自覚的な（場合によっては、意識的・自覚的な）いじめへの加担者以外のなにものでもないことが明らかです。その意味で、圧倒的多数におよぶ〝傍観者〟ないし〝観衆〟は排除されておらず、排除されていないという位置において、逆にむしろ排除する側に包摂されていることになるわけです。「排除されていない者は包括されている」という言説は、社会学的な差別論としてきわめて明晰であるといえるとおもいます。

ジンメルの明晰な言説が何に由来するのかといえば、それはジンメル自身が〝排除された者〟、すなわち〝異郷人〟あるいは〝余所者〟であったという事実です。ジンメルはその大著『社会学・社会化の諸形式についての研究』（居安正訳、下巻、白水社、一九九四年）のなかで、「異郷人についての補説」を配置していますが、補説とはいえ、実に日本語訳にして一三頁にわたる堂々たる論文です。紙数の関係で、ここではその詳細にはふれず、彼の〝排除された者＝異郷人〟への思い入れの深さだけを指摘しておきます（私はジンメルの異郷人論に触発されて、「〈排除〉と〈包摂〉の社会学・ジンメル社会学におけるストレンジャーと差別」と題する論文を執筆したことがあります。拙著『〈排除と包摂〉の社会学的研究・差別問題における自我・アイデンティティ』批評社、二〇〇〇年に収めましたので、ご参照ください）。

ジンメルの異郷人性・余所者性とは、本稿の文脈においてはまさに〝在野性〟の別称です。もっとも彼は、在野にあることを享受したわけではなく、排除されたうえでの余儀なき在野人であったわけです。一方でジンメルは母校ベルリン大学から哲学博士の学位を取得し、大学教授資格試問にも合格し、他方では多彩で大量の業績を蓄積して高く評価されていたにもかかわらず、晩年までの約三〇年間、私講師や員外教授（いわば非正規教員であって、生活のための報酬を保証されるようなものではなかった）の位置に据えおかれ、ようやく一九一四年にシュトラスブルグ大学で哲学の正教授に就任するまで正規の教授職につくことができませんでした。しかも同時期に勃発した第一次大戦でもはや講義どころの騒ぎではなくなり、在任四年目、ほとんど正教授の活動もできないまま、大戦終結の直前に肝臓癌で死んでしまったのです。

ジンメルが不遇の境涯におかれたのには、大きく二つの理由があげられます。一つは、当時のドイツにおける社会学の位置、もう一つはユダヤ人の存在様式であって、別言すれば、社会学差別とユダヤ人差別をジンメルは一身に負ったのです。ジンメルの同時代人である仏国のデュルケームは社会学者を名乗り、他者からも社会学者として高く評価され、のみならずデュルケーム学派（デュルケミアン）まで形成したのですが、ジンメルの時代のドイツでは（とくにベルリン大学では）社会学がなお正統科学として認知されていなかったという次第です。

しかし、ジンメルの長期にわたる在野性を決定づけた最大の理由は、彼がユダヤ人であったことであり、たとえば、ジンメルの大著『社会学』の邦訳者・居安正さんは同書の訳者付論で「ユダヤ人としての彼がドイツ社会の〈異郷人〉であったこと」（前掲書、p.377）としるし、また、ジンメルとウェーバーの研究者・阿閉吉男さんはいっそう端的に「かれの昇進が遅かったのは、（略）かれがユダヤ人であったことが最大の理由である」（『ジンメルとウェーバー』、お茶の水書房、一九八一年、p.622）と断言しているように、この点は社会学史上の常識となっています。

この差別に起因する在野生活は、しかし、ジンメルの業績をきわめて豊かに、そして潤いにみちたものにしたと私は見ています。正教授になってからのジンメルの講義は、カントの倫理学をかわきりにペシミズム、ダーウィニズム、ショーペンハウアー、ニーチェ、ベルグソン等々を論じるもので、講義題目も認識論、哲学史、倫理学、美学、社会学、社会心理学というように多岐にわたったようです（前掲『ジンメルとウェーバー』、p.62）。講義のみならず、その著作の内容も非常に多様であって、高度にアカデミックな著作も多いけれども、軽妙でジャーナリスティックな大量のエッセーに私などはジンメルの〝在野での苦闘〟（むろん生活のための原稿料稼ぎもふくまれる）を感じ取り、一種の「同類の匂い」みたいなものを嗅ぎ取ることがおおいのです。

ジンメルの社会学を日本に紹介導入したのは、一八七三年に奈良市の被差別部落に生まれた社会学者・米田庄太郎さんでした。彼は若くして渡米し、コロンビア大学大学院でF・H・ギディングスから心理学的社会学を学び、その後、渡仏してコレージュ・ド・フランスで『模倣の法則』で有名なJ・G・タルドに師事し、やはり心理学的社会学を習得した当代一流の俊才でした。と同時に、ジンメルと同様、卓抜した才能を駆使してジャーナリズムの世界でもかなり活躍したようです。一九二〇年に京都帝大教授になったのは四七歳の頃、昇任が遅かったのは彼が被差別部落出身のゆえに同僚によって昇任を妨害されたためとする説もありますが、この点は真偽不明です。しかし、いずれにしても部落差別に苦しんでいたにちがいない彼が、ユダヤ人差別に悩まされていたジンメルに深く心を寄せないではいられなかったであろうと私は推察し、胸をつかれる思いでいっぱいになるのです。

●たとえば、「社会学」と「在野学」との親和性について

私が学部で社会学を専攻しはじめた最初の講義で、ある教員が「社会学の定義は社会学者の数ほどにある」と述べたときには、正直、目を白黒させました、それならば、社会学の定義は不可能だということではないか、学問として定義できない社会学を今後どう勉強すればいいのか、と。

私が専任教授を退職するまで参加していた日本社会学会は、社会学の専攻分野を暫定的にではあるが、一応次のように分類しています。少々煩雑ですが、社会学の関心対象として興味深いの

で以下、羅列的に紹介します。

「社会哲学・社会思想・社会学史」「一般理論」「社会変動論」「社会集団・組織論」「階級・階層・社会移動」「家族」「農漁山村・地域社会」「都市」「生活構造」「政治・国際関係」「社会運動・集合行動」「経営・産業・労働」「人口」「教育」「文化・宗教・道徳」「社会心理・社会意識」「コミュニケーション・情報・シンボル」「社会病理・社会問題」「社会福祉・社会保障・医療」「計画・開発」「社会学研究法・調査法・測定法」「経済」「社会史・民俗・生活史」「法律」「民族問題・ナショナリズム」「比較社会・地域研究」「差別問題」「性・世代」「知識・科学」「余暇・スポーツ」「その他」。

見てのとおり、社会学の関心領域は哲学、政治学、経済学、法学、宗教学、教育学、歴史学、医学等々の分野にまたがる極端に幅の広い視程をもっていることがわかります。ほとんど、「何でもあり」ともいえる様相です。なるほど、これでは社会学の学的性格を一元的に定義するのはほとんど不可能かもしれません。ただ、上記の雑多な専攻領域を包み込む一定の視点があることはわかります。それは、社会学が主として近現代の人間社会を対象にしているということです。そして、近現代の人間社会の何に焦点をあわせてきたかというと、関係性の問題だったということがわかります。すなわち個人と個人との関係、個人と集団との関係、集団と集団との関係を分析叙述すること、それが社会学の研究方法の最大公約数といえるとおもいます。私自身は差別問題とのかかわりで、つねに人間の解放を主題にしてきましたが、私がおもうところ、解放とはすなわち〝関係の解放〟以外のなにものでもないというものであって、とりあえず社会学の原則を踏まえたものになっていた（いる）と信じます。

すでに述べたように、マルクスは自分のことを社会学者とはみていなかったし、ウェーバーは本来的に経済史家であって社会学への言及はさほどおおくはなく、また近年の社会学に爆発的な影響力をおよぼしたミシェル・フーコーは精神医学者・哲学者であったわけで、彼らのすべてはいずれも社会学という学問領域のいわば外側（社会学の在野）で活躍していた存在です。つまり、社会学は他の学問領域を侵略・併合しつつ、他の学問領域からの侵略・併合を歓迎するというスリリングでエキサイティングな性格を本来的にもっているというべきで、その点からしても社会学を厳格な方法論的理論的アプローチの範囲から定義するということが本質的に不可能であるというか、そもそも無意味であることがわかります。

こうした社会学の脱領域性とともに、すでに紹介したような社会学の専攻領域の雑多性といった性格は、実は、独学的在野学の特徴というか、利点でもあって、その意味で社会学は在野学にとって有利な研究分野であると一応はいえるとおもいます。しかも、社会のことなる部分間の関係性の研究として社会学を定義できるということは、とりもなおさず社会学が社会を〝運動〟ないし〝過程〟としてとらえることを意味するわけで、きわめて大雑把な言い方をすれば、現代のこの変化の著しい社会をいきるすべての人びとにとって社会学は、「今・ここ」にたつことによって一定の未来展望を獲得できる一つの手段たりうるようにもおもわれるのです。同時に、社会学が社会を〝運動〟〝過程〟としてとらえるということは、社会学がたえず問題志向型の学問領域であったことを示唆します。社会学者はほぼ一貫して、安定的で秩序だった社会のあれこれの断片にではなく、社会学者が問題だとして定義する分野に関心をひかれてきました。ゆえに社会学は論理必然的に、批判的な学問領域たらざるをえない性格をかなり初期の段階からもっていました。

たとえばの話、米国でも、そして、じゅうぶんに米国化された日本でも、個人的努力やそれによる業績がなによりも重視され、それは自助努力本がよくベストセラーになることにも示されていますが、しかし、それはあまりにも〝個人〟というタームに拘泥しすぎる結果であるとおもわれます。実際、孤立無援の個人などはありえず、個人はすべからく〝関係の函数〟であるとみるのが社会学の基本認識です。自然科学が自然秩序の自然力についての疑問を処理することで発展したように、社会学も人間の社会的秩序の底に横たわっている力（社会力＝social force）についてかんがえるところから始まりました。個人を問題にする場合でも、その個人の行動は、ただ単に個人として精神的・情緒的・経済的にそうあるようになった結果なのではなく、その個人の集団内の成員性、すなわち大きくいえば社会ないし社会力に負っていると社会学はとらえます。むろん、社会力は直接目に見えるものではなく、いうなれば人間の行動からの推論でしかないのですが、思想的ないし理論的に社会力を可視化できる場合があるとすれば、それは社会的秩序の衰弱・崩壊過程においてだということはできます。

名著『ホワイト・カラー』で知られる米国の社会学者C・ライト・ミルズは、別のよく知られた著書『社会学的想像力』を「こんにち、人びとはしばしば自分たちの私的な生活には、一連の罠が仕掛けられていると感じている」というフレーズで書きはじめています（鈴木広訳、紀伊国屋書店、一九六五年、p.3）。そして、数行後にもう少し詳しく次のように記述します。「人が罠にかけられているという感じをもつのは、自分の意志でしているつもりの生活が、実は個人の力ではいかんともしがたい全体社会の構造そのものに生じる、さまざまの変化によって支配されているからである。すなわち、個々の人びとの成功と失敗にかんする諸事実が、同時に現代史の諸事実であるといえるのである」（ibid.）。

ミルズは、個人的な困難（trouble）と社会問題（issue）とを区別したうえで、しかし、個人的困難というものがおおむね社会問題の具現であるということを指摘しているのです（一九七〇年代以降のフェミニズム言説「個人的なことは政治的である the Personal is Political」もこのことをさしているはずです）。したがって、個人的な困難を減じたり処理したりするには、どうしても社会問題を解決しなければならないのであって、仮に私たちが社会問題に対して怠惰であったりインポテンスを決め込むならば、私たちは個人的困難をもちつづけることをほとんど運命づけられることにならざるをえないという次第です。

それならば、決定的に重要な社会問題理解と克服の鍵は何か。ミルズはそれを〝社会学的想像力〟の駆使にもとめます。ミルズは言います、「社会学的想像力を所有している者は巨大な歴史的状況が、多様な諸個人の内面的生活や外面的生涯にとって、どんな意味をもっているかを理解することができる。社会学的想像力をもつことによって、いかにして諸個人がその混乱した日常経験のなかで、自分たちの社会的な位置をしばしば誤って意識するかに、考慮をはらうことができるようになる。日常生活のこの混乱の内部でのみ、近代社会の構造を探求することができ、またその構造の内部でさまざまな人間の心理が解明される。このような方法によって、人それぞれの個人的な不安が明確な問題として認識され、また公衆の無関心も公共的な問題との関連のなかに設定されるようになる」と(op.cit.p.6)。

私がこの小論の最後にミルズの言説を配置したのは、〝社会学的想像力〟という資質の保有が決してアカデミック・プロフェッショナルにのみ独占されるものではなく、否、独占されるものであってはならないとするミルズの強調点に共鳴したからです。繰り返しますが、社会学的想像力とは、私たち自身の内部や外部世界でおきる事柄を明晰に総括できる精神の資質のことです。この資質についてミルズは、「(この資質は)ジャーナリストや学者、芸術家や公衆、科学者や編集者が、社会学的想像力というものに期待している精神の資質なのである」としるし(ibid.)、社会学的想像力を駆使して個人的困難と社会問題とを弁証法的に統一把握することは、官許と在野とを問わず、すべての問題探求者にとっての共通課題であることを主張しているのだとおもいます。逆説的にいえば、社会学的想像力を媒介させることによって、社会学は在野学に、在野学は社会学に、と相互乗り入れや相互互換が可能になるということではないでしょうか。

八木晃介（やぎ・こうすけ）
一九四四年、京都市に生まれる。大阪市立大学文学部（社会学専攻）卒。毎日新聞記者（千葉支局、東京・大阪両本社学芸部）を経て、花園大学文学部教授・同学人権教育研究センター所長、花園大学特任教授・同学人権教育研究センター研究員、現在、花園大学名誉教授・同学人権教育研究センター名誉研究員。
著書として、『親鸞　往還廻向論の社会学』『右傾化する民意と情報操作』『優生思想と健康幻想』『差別論研究』『健康幻想の社会学』『〈差別と人間〉を考える』『〈癒し〉としての差別』『排除と包摂の社会学的研究』『部落差別のソシオロジー』『差別表現の社会学』『部落差別論』『「生きるための解放」論』『差別意識の社会学』『現代差別イデオロギー批判』『差別の意識構造』ほか多数。

柳田国男の〈資質〉についての断章

——〈在野〉とは何か

高岡 健

●柳田の「異常心理」

橋川文三は、「柳田国男拾遺」（『近代日本政治思想の諸相』未来社・所収）の中で、柳田の伝記がいかにも書きにくい理由の一つとして、年譜に信頼すべきものがないことをあげている。「そこを知りたいと思う箇所にかぎって、しばしば柳田の年譜も回想も、きわめてみごとな沈黙を守っている」というのだ。

このように指摘した上で、橋川は、「知りたいと思い、なぞのように思うことがら」を、一〇にわたって列記している。

《（1）詩人柳田が大学時代に農政学に心をよせた内面事情。
（2）柳田家へ養子入りした事情。
（3）柳田の恋愛詩にあらわれる少女は実在したかどうか。
（4）最初の農政学の著述『産業組合通解』の書かれた事情。
（5）法制局における柳田の政治関心と政治地位〔以下略〕。
（6）〔一部略〕柳田が民俗学への関心を表明することは、政治情勢の判断となんらかの関係があったかどうか。
（7）〔一部略〕柳田が具体的に西欧のフォークロアの書物を、いつ頃、どんな順序で読み始めたか。
（8）〔一部略〕彼がドイツ民俗学の歴史や成果に接触したのはいつ頃のことか。
（9）柳田の農政学の放棄といわれることがらについて〔以下略〕。
（10）〔一部略〕およそ戦争の記事と、大逆事件以下の、社会的大事件についての記事とは、ほとんどといってよいくらいあらわれてこない。》（「柳田国男拾遺」）

これらのうち、（1）（2）に関しては、さまざまな推測も交えた議論が重ねられているし、（3）については人物の特定さえもがすすんでいるようだ。一方、（4）以下に関しては、吉本隆明が、「動機の濃淡」（『柳田国男論集成』ＪＩＣＣ出版局・所収）として指摘した内容などとも重なる。

吉本は、柳田の「故郷七十年」を「不思議な文章」だとしつつ、「消極的な動機をあつめては、じぶんが微小なとるに足らぬ主題を択んだとみなしており、積極的な動機をかさねては、おおきな社会的主題を択んだとみなしている」と指摘した。ちなみに、吉本のいう「消極的な動機」とは、たとえば実父母が急逝し、「どうでもいい、父母喪失の寂しさにかわるものでありさえすれば」という気持ちで養子に入り、官吏の道を歩んだことを指している。また、「積極的な動機」とは、たとえば子どもの頃の飢饉の見聞が農商務省入りにつながり、恋愛の対象だった女性が死んだことが抒情詩からの切断につながったことなどを指している。

吉本によれば、このような動機の両義性が、柳田の〈資質〉の特徴だった。動機という概念に、いつも無意識がくっついていたというのである。ただし、柳田の腹中は、旧友といえども、誰もうかがいしることはできなかった。

だとすると、橋川が列挙した「なぞ」に、私もまた一つの何かを、加えてみたい誘惑にかられる。それは、柳田自身が「異常心理」と呼んでいる状態とは、何であったかという「なぞ」にほかならない。一四歳だった柳田（本稿では便宜上、旧姓松岡の頃も含めて、すべて「柳田」と表記する）は、小さな石の祠の中がどうなっているのか、興味を抱いた。誰もいないとき、恐る恐る祠を開けてみると、中には綺麗な蠟石の珠がおさまっていた。

《その美しい珠をそうっと覗いたとき、フーッと興奮してしまって、何ともいえない妙な気持ちになって、どうしてそうしたのか今でもわからないが、私はしゃがんだまま、よく晴れた青い空を見上げたのだった。するとお星様が見えるのだ。今も鮮やかに覚えているが、じつに澄み切った青い空で、そこにたしかに数十の星を見たのである。》（「故郷七十年」）

晴れた昼間の空に数十の星を見たという自らの体験を、柳田は「たしかに、異常心理だったと思う」と回想している。また、「そんなぼんやりした気分になっている」時に、ヒヨドリが鳴いて通った。そこで初めて人心地がついたが、ヒヨドリが鳴かなかったなら、そのまま「気が変になって」いただろうとも述べている。

柳田の〈資質〉は、自らを容易に自然と一体化させうるものだった。それを〈異常〉と見立てた柳田は、「幸いにして」生活の苦労と引き換えに「異常心理を忘れることができた」と、解析的に振り返っている。だが、はたしてそうだろうか。いいかえるなら、柳田の「官吏の道」には、彼の〈資質〉が殺されて埋められているのか。それとも、〈資質〉は、見えない形で息吹き続けているのだろうか。

●父親と母親と兄嫁

柳田国男に関しての〈資質〉論が、等閑視されていたわけではない。それどころか、橋川の弟子筋にあたる後藤総一郎は、柳田の「幼少年期におけるパースナリティ」(『柳田国男論』恒文社・所収)について、「スケッチ」といいつつも、立体的な考察を試みている。

後藤は、柳田の「鋭い感性と類いまれな記憶力」を、第一次パースナリティ(原個性)と名づけ、そこからは詩人のイメージが創出されるだろうと述べている。また、柳田の「多様な哀しさと貧しさの体験」を、第二次パースナリティ(副次的個性)と名づけ、そこからは貧困のイメージ・信仰のイメージ・母のイメージが創出されるだろうと記している。

後藤の述べるところを、もう少し追ってみよう。柳田の第一次パースナリティを育てたものは、「彼のアプリオリな感性」と「彼の生家松岡家の代々にわたる学問的空気」だった。

一方、柳田の第二次パースナリティのうち、貧困のイメージは、飢饉を見聞した体験に加えて、彼の生家が小さかったこと(そのために柳田の母親と兄嫁とのあいだに嫁姑の争いが起こったこと=後述)に由来しているという。また、信仰のイメージとしては、神隠しの体験(「神戸に叔母さんがあるか」としつこく聞いたことからはじまる体験=後述)と、先祖の霊の実感を挙げている。さらに、母のイメージを、柳田学を理解する鍵だと述べつつ、故郷のイメージと重ね合わせて論じている。

後藤の言わんとすることは、とてもよくわかる。しかし、私としては「第一次」と「第二次」の一部を、少しく転倒させてみたい気持ちにさせられる。そのことについて、思いつくままに説明を加えてみよう。

まず、父親について――。

《維新の大変革の時には、じつに予期せざる家の変動があり、父の悩みも激しかったらしく、一時はひどい神経衰弱に陥ったともきいている。》
《空井戸のある薬師堂があった。ある夏の夜、座敷牢から出て蚊帳の中に寝ませていた父が急に行方不明となり、手をつくして八方捜したところ、この井戸の中に入っていたということである。》（「故郷七十年」）

明治のころの神経衰弱という言葉をめぐっては、いろいろな使い方があったが、柳田の父親の場合は、「座敷牢」に入れねばならなかったほどの奇行を伴うものだったことがわかる。このことは、「学問的空気」以上に、柳田の〈資質〉（後藤のいう第一次パースナリティ）を規定していたのではないか。

次に、母親について――。

《（氏神に供えた小豆飯の余りを、一箸ずつ掌にのせてもらうのが、子どもたちの愉しみだったが・引用者註）母親が呉れる一箸の赤飯に、私は掌を出したことはなかった。親に叱られるからでもある。》
《母の話に、「お父さんはお前のようじゃなくて、もっと勉強家だった」と、物差しで本の厚さを計って、五分読んだとか七分読んだとかいったものだということを、聞かされたのを

憶えている。》

《〔柳田が同居していた兄宅へ・引用者註〕後に両親が来てからは、まるで形勢が一変してしまった。やかましいことばかりいうものだから、私もだけれど、長兄も大変緊張してしまった。》〔前掲書〕

これらの挿話からわかるとおり、柳田の母親は、ちょうど父親が〔「学問」はともかくとして〕実生活においては無能者であったぶんだけ、実務者として柳田を厳しく育てようとしていたと考えられる。幼い柳田は、「いつも弟たちをいじめる、近所の子供とは喧嘩をする、いたずらは激しい」という生活を送っていたというが、それは「両親が我儘気儘に育てた」〔前掲書〕からではなく、母親が柳田を受容せず、厳格に養育していたことの反動とみるべきであろう。

そこで、兄嫁の存在が浮上することになる。後藤が、貧困のイメージに分類した、柳田の母親と兄嫁とのあいだの諍いについて、柳田自身は次のように回想している。

《いまもしきりに思い出されるのは、長兄の許に嫁いで、母との折合いが悪く実家に帰った兄嫁のことである。〔幼い柳田が、中心の薄くなった池の氷の上で滑って遊んでいると・引用者註〕家を出された兄嫁は土堤からみつめていたのであろう。忘れもしない、筒っぽの着物を着て、黒襟をつけた兄嫁は、いきなり家から飛び出して来て私を横抱きにすると、家へ連れていっ

たものである。》
《一度は昔の情愛を述べようと、再婚先の伊勢和山の寺を訪ねたことがある。兄嫁は折悪しく留守で、その機を失してしまったことが、いまも悔やまれる。》（前掲書）

母親に求めようとして得られなかったものを、兄嫁に求めている姿が描かれている。ここで、やや唐突な印象を与えるのは、「横抱き」という言葉だ。薄くなった氷の上が危険にみえたから、兄嫁が連れて帰ったことはわかる。だが、声をかけるわけでもなく、いきなりのように「横抱き」にして連れ帰るところが、ある意味では不気味な印象さえ与えるのだ。

ここで、すぐに思い出されるのは、七歳の柳田が、筋向いの家に湯に招かれた夜の話だ。母親より先に、その家を出た柳田は、横合いから出てきた頬かむりの男に引っ抱えられた。男は、柳田家の門まで走り、戸の脇に柳田を降ろして見えなくなったという。

このエピソードを、柳田は、「近所の青年の悪戯」としつつも、「神隠しに遭いやすい気質」との関連で記述している。つまり、自らの〈資質〉を神隠しに遭いやすい気質と規定しつつ、それを母親からの剥奪として位置づけているということだ。母親の傍に居たいのに、別の力によってそこから引き剥がされる。それが、柳田にとっての神隠しだった。

柳田に関する〈資質〉論で重要なのは、母親から引き剥がされた柳田が、どのようにして母親への回帰をはかろうとしたかという点にある。この点に関しては、柳田にとっての神隠しについて再論するなかで、もう一度、触れることにしたい。

●神隠しの〈資質〉

神隠しについては、柳田国男自身の二つの体験が、よく知られている。一つは、幼い日に柳田が、母親と弟とともに茸狩りへ行き、山の向こうにある暗く淋しい池の岸で休んだときのエピソードだ。

《再び茸をさがしながら、同じ山を越えて元登つた方の山の口へ来たと思つたら、どんな風にあるいたものか、又々同じ淋しい池の岸へ戻つて来てしまつたのである。其時も茫としたやうな気がしたら、えらい声で母親がどなるので忽ち普通の心持になつた。此時の私がもし一人であつたら、恐らくは亦一つの神隠しの例を残したことゝ思つて居る。》（「山の人生」）

もう一つは、柳田に弟が生まれ、「自然に母の愛情注意も元ほどではなく、その上にいわゆる虫気があって、機嫌の悪い子供であった」頃の話だ。寝転んで絵本をみながら、柳田は、「神戸には叔母さんがあるか」と、しきりに母親に尋ねた。母親は、いい加減な返事をした。そのうち柳田は眠ってしまったので、母親は安心していた。ところが、約二・二キロメートル以上離れた松林の道端で、柳田は発見された。こんな幼い者に意外な行動をさせた理由は、「必ず一時性の脳の疾患であり、また体質か遺伝かに、これを誘発する原因が潜んでいたことと思う」（前掲書）――。

どこまで本気かはわからないが、柳田自身は以上のような行動の理由を、脳か体質か遺伝かに求めている。だが、吉本隆明は、これらのエピソードとともに、柳田がまだ新体詩人であった頃の作品である「夕ぐれに眠のさめし時」（うたて此世はをぐらきを／何しにわれはさめつらむ、／いざ今いち度かへらばや、／うつくしかりし夢の世に、）を挙げながら、「柳田国男の入眠幻覚」を「類てんかん的心性」として位置づけている（「共同幻想論」）。ちなみに、吉本のいう「入眠幻覚」は、始原的な欠損に向かうもの、他なるものへ向かうもの、自同的なるものの繰り返し志向に分けられるが、柳田のそれは「いつも母体的なところ、始原的な心性に還る」ものだという。

吉本の論考を念頭に置きながら、精神医学的解離論の視点から、これらのエピソードを整理したのが、森山公夫だった（「精神医療」№42インタヴュー「解離論の新構築」――聞き手・高岡健）。森山は、解離を、プラスの場合（トランス）と、マイナスの場合（放心）の、両極に分ける。前者は、母性的なるものを求めての遁走であり、後者は、欠如態としてさらわれたり憑依される形をとる。こうみてくると、柳田の神戸の叔母の体験は前者であり、茸狩りの体験は後者として位置づけられよう。

ところで、「母のイメージ」を第二次パーソナリティに含めた後藤にも、「彼（＝柳田・引用者註）の学問、研究それ自身が、母を求めることに連なっていた」「学問への情熱そのものが、まさに母への思慕の情であった」と述べている箇所がある（『柳田国男論』）。この指摘は、正鵠を射ていると思う。

だとすると、後藤のいう第一次パースナリティの中心には、何よりも母親からの剝奪としての神隠しにあいやすい〈資質〉が据えられるべきであり、「学問」その他はすべて第二次パースナリティに属するということになろう。

●入出眠と「空想」

柳田国男は、田山花袋に対し、「小説のたね」を提供していた（「故郷七十年」）。法制局参事官として知った珍しい話を、「誰かに話したくて」花袋に話したのだという。こうして提供した「たね」のうち、花袋が小説化した作品の例として、柳田は「葱一束」と「一兵卒の銃殺」を挙げている。

他方で、花袋は、柳田をモデルにした小説も書いた。なかでも、もっともよく知られた作品は「妻」で、柳田は「西」という名前で登場する。実際の柳田と同じく、「西」も養子に入る。「西」が養子に入る理由は、「西」と交友関係にある人たちのあいだでは、一種の謎だった。彼らは、「本当に西君の気が知れない」と言いつつも、養子になろうとする理由を、「やさしい束縛」が欲しいからではないかと推測する。

《「自分でもいつかもさう言つて居た、君などは束縛を非常に嫌つて何んでも自由でなければならないやうに言ふけれど『やさしい束縛』なら僕は喜んで受ける。さうした束縛が無くつては僕は淋しくツてたまらんと言つて居たよ」》（「妻」）

つまり、「西」（柳田）自身が、「やさしい束縛」という言葉を用いていたというのだ。では、この言葉は、何を意味していたのか。花袋の筆致は、必然的に柳田のもう一つの謎である、恋人らしき娘との別れへと向かう。その娘は、「肺で死んだ」。そして、利根川に夜船で死骸を下し葬式をした。

だが、ほんとうに娘の死が、柳田をして養子という選択へと向かわせたのかどうかは、「学問」的には結論が得られていない。むしろ、私たちがここまでに眺めてきた断片からは、母親の死と関連して、「やさしい束縛」を求める言葉が、「西」（柳田）の口から発せられたと考えるほうが、正しいのではないか。少なくとも、そういう仮説を否定しうるだけの「学問」的蓄積は、これまでのところ存在しないはずだ。

つまり、柳田の〈資質〉が飛び散らないように鋳型にはめ、それを柳田自身も甘受しようとしたものこそが、母親による「束縛」だった。母親によるこの「束縛」を、「やさしい束縛」と解釈するなら、当の母親が亡くなった以上、別の「やさしい束縛」を求めるほかにない。それが、柳田が養子に入る理由だったのではないか。

ところで、「一つの空想」と題された、「妻」ほどには有名でない小説が、花袋にはある。（この作品の存在を、少なくとも私は、角川ソフィア文庫の大塚英志編『神隠し・隠れ里』を手にとるまでは、寡聞にして知らなかった。）

「一つの空想」に登場する、柳田とおぼしき主人公の「私」は、Gという村を訪れることになる。昔、おゆきという眉の美しい女から見せられた「G湖沿革史」という本には、かつてのG村は帝王の覇業が営まれた場所で、G湖の海に通じたところは貿易港として栄えたという内容が、記されていた。おゆきが亡くなった今、「私」は一人、G村を訪れたのだった。

しかし、G村で「私」がいくら調べてみても、繁栄の事実を裏づけるものは何も出てこなかった。かえって否定する材料さえ現れた。いつしか「私」の空想は、おゆきを離れ、「沿革史」の作者へと偏っていった。

《『そうだ……そうだ。』突然精神に響いて来るある暗示の声に聞き惚れたようにして、私はこう叫んで起き上がった。〔中略〕私の眼の前には、さびしそうに湖畔を歩いているその『沿革史』の作者の姿が歴々と映って見えて来た。『そうだ、それに相違ない。さびしさに、この形容することもどうすることも出来ないさびしさに、ひとり手に、そうした空想がその作者の頭にのぼって行ったんだ……。そしてこの大きな都会や、美しい宮殿や、賑やかな港や、湖に臨んだ欄干に凭（よ）りかかった美女を、そこに、空中に描き出したに相違ない……。それに相違ない。』》

《次第に、私は空想と事実との区別のわからなくなって来るのを感じた。〔中略〕つづいて、私の眼には、こうした時代も時の間に過ぎ去って、すべて異なった人達で往来されるであろうと思われる時の湖水のさまが歴々と映って見えた。〔中略〕ふと気が附くと、どこかで静かに唄を唄っている声がした。私はあたりを見廻した。どこにも人の姿は見えなかった。『はてな、どこだろう――』こう思って私は起き上がったが、やがてすぐ下に、村の娘達が四五人でしきりに蘆荻をサクサクと刈っているのを私は目にした。静かな唄はそこから起こった。》（「一つの空想」）

とりたてて言うほどのストーリーではない。それよりも、柳田とおぼしき「私」の〈資質〉が眼を惹く。入眠時と出眠時に「空想」を呼び起こしやすいという特徴を持つ〈資質〉だったことが、よくわかる記述になっているからだ。

この小説を、花袋が、どの時期の柳田をモデルにして描いたのかは、知らない。だが、おゆきという女性の死の後という設定からは、柳田がある種の断念を経て養子になって以降だと考えていいだろう。だとすると、柳田は、文学から離れた後も、「此世」と「うつくしかりし夢の世」（「夕ぐれに眠のさめし時」）を行き来する〈資質〉を、手放していなかったことになる。

●〈在野〉とは何か

柳田国男は、「故郷七十年」で神隠しに関する記述を続けながら、女が山に入るという例が多く、そこには隠し婆さんが夕方にやってくるとよく言われたと記した上で、不思議に妊娠時に神隠し現象がみられることからは、神隠しは「確かに心理学の対象と見るべきであろう」と「結論ではない結論」を述べている。同時に、「結論は出したくない」と思い、「ただ聞いた話をそのまま書いておいたが、これはもう民俗学の範囲以外ではないだろうか」とも記している。

一方、「山の人生」には、「学問はいまだこの不思議を解釈し得ざる事」として、いくつかの鬼子の話を例示している箇所がある。そのなかで、柳田は、女が山中で働いているときに思いがけず眠くなることがあると述べた上で、そういう際には妊娠しやすいために、妊娠を蛇の所業と信ずる者もあったと記している。

要するに、山と夕暮れと妊娠、あるいは山と入眠と妊娠が、神隠しを起こしやすい条件として記載されているということだ。そして、これらの関連を扱う「学問」は「民俗学の範囲以外」のもので、具体的には「心理学」であるはずだが、それはあまりあてにならないから、いまは聞き書きを残しておくだけの民俗学ほうが、むしろ「学問」よりも価値があると述べているのである。柳田の密かな矜持といってよいだろう。

同様に、柳田は、神隠しについて記述しながら、次のように「学問」を批判している。

《社会心理学という学問は、日本ではまだ翻訳ばかりで、国民のための研究者は何時になったら出て来るものか、今はまだすこしの心当てもない。それを待つ間の退屈を紛らすために、かねて集めてあった二、三の実例を栞として、自分はほんの少しばかり、なお奥の方へ入り込んでみようと思う。》（「山の人生」）

ここでは、柳田は、「学問」を「社会心理学」と呼ばれるものに代表させている。私は原典にあたったことがないが、徳谷豊之助という人が『社会心理学』と題する本を上梓したのは一九〇六年だといわれているから、その本を柳田は目にしていたかもしれない。あるいは、目にしたものは他の雑誌等に掲載された論文だったのかもしれないが、いずれにしても「翻訳ばかり」だと、柳田は批判しているのである。

繰り返すなら、輸入された「心理学」や「社会心理学」といった「学問」によって、神隠しや鬼子や蛇を科学的に解明することは、少なくとも現時点では出来ない。記述から出発する民俗学だけが、解明を可能にする潜在力を有している。柳田は、そういっていることになる。

あえて「学問」と民俗学を対置させ、前者に「心理学」や「社会心理学」を含めるとき、柳田は後者に何を含めようとしたのか。入眠時と出眠時に「空想」を呼び起こしやすい〈資質〉に根差した環界との交流を、含めようとしたのだ。だから、柳田が「栞」として集めた実例は、単なる実例であることを超えて、柳田自身の〈資質〉と共振するという特徴を持っていた。いいかえるなら、柳田が集めた実例には、常に柳田自身の〈資質〉が貌をのぞかせていた。

事実に〈資質〉が貌をのぞかせる地点を〈在野〉と呼ぶことが出来る。だとするなら、〈資質〉を殺した地点で成り立つものが「学問」にほかならない。柳田は、たしかに生活においては文学を離れ、官吏としての歩みを選択した。しかし、「此世」と「うつくしかりし夢の世」を行き来する〈資質〉を、手放すことが出来なかったがゆえに、その思想はいつも〈在野〉そのものだった。

高岡　健（たかおか・けん）
一九五三年生まれ。精神科医。岐阜大学医学部卒。岐阜赤十字病院精神科部長、岐阜大学医学部准教授などを経て、現在、岐阜県立希望が丘こども医療福祉センター発達精神医学研究所所長。日本児童青年精神医学会理事。雑誌「精神医療」（編集＝「精神医療」編集委員会、発行＝批評社）編集委員をつとめる。著書に、『別れの精神哲学』『新しいうつ病論』『人格障害論の虚像』『自閉症論の原点』『発達障害は少年事件を引き起こさない』『精神鑑定とは何か』『引きこもりを恐れず』『時代病』（吉本隆明氏との共著）『16歳からの〈こころ〉学』『不登校・ひきこもりを生きる』『やさしい発達障害論』『続・やさしい発達障害論』『やさしいうつ病論』『MHL 17 心の病いはこうしてつくられる』（石川憲彦氏との共著）『MHL 30 死刑と精神医療』（編著）『PP選書　精神現象を読み解くための10章』『「絶歌」論——元少年Aの心理的死と再生』ほか多数。

関東軍参謀将校の独白

副田　護

●はじめに

映画『杉原千畝』が公開していると知り、二十年ほど前にインタビューした関東軍参謀将校の話を思い出した。

そのころ、中国残留孤児をあつかったTVドラマ「大地の子」がNHK放送七〇周年記念番組となって話題になっていた。数か月後、異例の再放送が決定したことがきっかけで、あるTV雑誌から依頼され、棄民問題を数人の参謀将校にインタビューすることとなったのだ。

そのうちのひとり、関東軍情報参謀の話は脱線し、棄民問題より満州国に関して、ユダヤ人問題に関して多くを語った。本来の取材内容とは離れていたため、当時は録音して簡単なメモを取っていただけだが、今、聞き直し、見直してみると太平洋戦争開戦直前の満州の状況が、政財官界から関東軍までよくわかってくる。

陸軍士官学校四二期、陸軍大学五一期の情報参謀は、陸大卒業後一九三九年に関東軍指揮下の第八師団参謀、同第三軍参謀、陸軍省ロシア課課員を経て、関東軍特種演習（関特演）では関東軍情報参謀として満州に戻っている。略歴からわかるように、この参謀将校は陸軍省、参謀本部内でもロシア通であり、情報畑の若手将校として知られていた。

●「満蒙は日本の生命線」

満州国とは、日本にとってどのような意味を持つのか、とのご質問ですが、陸軍軍人として答えるならば、「対ソ防衛の最前線」がすべてです。

「満蒙は日本の生命線」というスローガンがありました。満州（中国東北部）と内モンゴルは戦略的にも経済的にも、日本の存亡がかかった地域だという意味です。このスローガンの背景には、一九三一年の満州事変を受けて国際連盟が派遣したリットン調査団の報告書がありました。報告書は日本の権益を全面的に否定するものではなかったのですが、満州を独立国家としては認めず、国際連盟管理下に置くべき、と指摘したのです。

一九三二年、国際連盟総会に日本首席全権として赴く前の壮行会で、松岡洋右は「満蒙は日本

満州国新京の関東軍司令部

の生命線」と力説し、この言葉はあっというまに日本全国に広まりました。一九二九年のブラック・マンディに端を発した世界恐慌は日本にも押し寄せ、昭和恐慌を巻き起こし、日本という国家そのものが停滞している時期でした。新聞が「王国楽土」と書き立てている満州に行けば一旗あげられる、閉塞した社会の中で、貧しい日本人の多くはそう考えていたのです。そんな時に、松岡のスローガンは耳に心地よかったのでしょう。

国際連盟における松岡の演説は、脱退こそ明言しておりませんが、国際連盟管理下になるという報告書採択を拒否し、会議場を退席しました。退席シーンはニュース映画となり、新聞も、『連盟よさらば！』『連盟、報告書を採択　わが代表堂々退場す』と一面に大見出しを打ったのです。

松岡は一躍「救国の英雄」となりました。帰国後の新聞社インタビューでは、

「私が平素申しております通り、桜の花も散り際が大切」

「いまこそ日本精神の発揚が必要」

などと答えています。

その頃、私は士官学校を出て隊付将校でしたが、松岡の芝居がかった国連の演説、帰国後のインタビューなどを見聞きすると、どこか危なっかしさを感じていました。のちに、松岡洋右には第八師団参謀として会いましたが、その危なっかしさは、より強く感じたものです。

●実情を知って驚いた満州国

陸大卒業後、第八師団、第三軍参謀を歴任しましたが、満州国の実情を知れば知るほど「満蒙は日本の生命線」というスローガンがうさん臭く感じられました。「王国楽土」などという言葉は、マスコミの作ったまやかしの造語です。

軍需物資として不可欠なのは、兵器を製造し動かすための石油と鉄、ゴム、それに将兵の食糧となる米、小麦などです。

満州では、これらがまったくと言っていいほど得られないことに驚きました。

具体的に、いくつか説明しましょう。

まず、石油とゴムですが、一九三九年当時、満州には油田もなければゴム園もなかったのです。ガソリンは微々たる量が鉱物資源から抽出されていただけです。

次に、農作物ですが、満州の大地は地味貧しく、黄土のため水を吸い込みます。日本のように水田開発はできず、米は陸稲栽培でした。陸稲の反当たり収穫高は内地の二〇〇キロに対し、満州では三〇キロがやっとでした。小麦、大麦も、内地では反当り三〇〇キロでしたが、地味の貧しさからか六〇キロ前後だったでしょうか。荒れ地を開墾してようやく収穫期を迎えても、この収穫高では開拓民たちは生きていくことも難しかったのです。

内地と比較して、まずまずの収穫高だったのがアワ、ヒエ、コーリャンなどの雑穀でした。一〇〇グラム当たりの栄養価から見ると、米、小麦と雑穀類はいずれも三四〇〜三六〇カロリーで、たんぱく質は六〜一〇グラムです。栄養価に大差なければ、雑穀類を栽培し軍用食糧とすればよいじゃないかと言われそうですが、明日死ぬかもしれない将兵に、小鳥のエサのような雑穀を食糧としたら、士気はあがりません。

日本陸軍では、一九一三年から将兵の脚気予防として米七対大麦三の麦飯を採用していました。主食として、朝夕は麦飯各二合ずつ計四合（米約四二〇グラム、大麦約一八〇グラム）、昼食はパン一斤（小麦約三四〇グラム）とうどん半玉（小麦約八〇グラム）でした。将兵一人当たりの一日消費量は、米が四二〇グラム、大麦、小麦が六〇〇グラムとなります。

関特演（関東軍特種演習）前後の全盛期関東軍は七五万人の将兵を擁していました。単純計算ですが、関東軍だけで年間主食消費量は米が一一万五〇〇〇トン、大麦、小麦が一六万四〇〇〇トンとなります。ところが、満州国全域での米の年間生産量は一五万トン、大麦、小麦が六〇万トンだったのです。関東軍だけで、米の七七パーセント、大麦、小麦の二七パーセントを食いつくすことになります。三七〇〇万人の満州国国民は、アワ、ヒエ、コーリャンを食えとでもいうの

撫順炭坑の露天掘り

でしょうか。

　これが「王国楽土」と謳われた満州国の実態だったのです。

　満州国の石炭と鉄についてもお話しましょう。

　日本の炭鉱は、地下奥深くまで坑道が伸び、鉱脈は薄くて採掘に時間も労力もかかるが、満州では露天鉱が広がり発破一発で石炭が取れ放題と聞き、視察に行った時のことです。朝鮮半島付け根西側、現在の遼寧省撫順、本渓湖付近には、たしかに石炭鉱脈が地表に出ていました。内地の炭鉱より、はるかに採炭量も多かったのですが、いかんせん、品質があまりにも悪すぎたのです。製鉄に利用されるコークスの原料の瀝青炭は少なく、ほとんどが練炭、豆炭などに用いられる重量当たりの発熱量が低い褐炭でした。

　鉄鉱石も、同様でした。高品質な鉄鉱石には鉄成分が六〇パーセント以上含まれますが、満州の鉄鉱石は低品質の赤鉄鉱で、遼寧省鞍山には満鉄（南満州鉄道）の昭和製鋼所、本渓湖には大倉財閥傘下大倉鉱業の本渓湖製鉄所などでは、上質の鉄がなかなか作れなかったのです。

「満州の優秀な鋼鉄があったから戦艦大和、武蔵は建艦できた」と言われますが、これは大ウソです。赤鉄鉱で、当時最優秀だった四一〇ミリ表面硬化VH甲鈑は作れません。

満州の石炭は家庭用燃料にしか使えず、鉄鉱石は精錬を重ねても鉄道レールくらいが精いっぱいの品質でした。

一九四〇年九月に、アメリカは対日屑鉄の全面禁輸を決めましたが、日本陸海軍にとって、この禁輸は死活問題でした。当時の日本は、大口径砲、戦車、軍艦装甲を作るのに、アメリカからの上質な屑鉄を利用し、精錬していたことが多かったからです。考えてみれば、敵国のおこぼれで武器を作る、なんとも情けない状況ではありました。

●勝てないから負けないことを研究する

米の収穫高は低い、石炭や鉄の埋蔵量は多いが低品質という満州の大地は、それでも日本にとって最重要地域でした。日本陸軍にとって、最大の仮想敵国はロシア、ソ連であり、内地防衛のためには死守すべき大地でした。

満州を後方基地として、日本陸軍はユーラシア大陸を西進、ナチス・ドイツが東進して日独でソ連を挟み撃ち、などという夢物語を語る松岡洋右のような政治家もいましたが、まっとうな軍人であれば、そんなことは一笑に付します。

日本陸軍最強を誇った全盛期の関東軍でも、一九一八年のシベリア出兵で一時期占拠したチタまでは進出できても、バイカル湖畔ウラン・ウデの占拠はできなかったでしょう。ましてや、エニセイ川を越えての軍事行動などは、繰り返しますが「夢物語」です。二〇〇〇キロ以上になる補給線を維持する研究は、関東軍はもちろん、日本陸軍の研究課題とはなっていなかったからです。

私の陸大時代、対ソ戦に関する戦術研究は、もっぱら「縦深防御」でした。いかに進撃してくるソ連軍に被害を与えながら後退するか、そのための陣地構成はどうするか、後退した後のソ連軍占領地でいかに破壊活動するか、などが主要な問題点となります。満州の広大な大地は、縦深防御に最適であり、国力に劣る日本がソ連に立ち向かう唯一の戦術でした。勝てないから負けないことを研究する、とでも言いましょうか。

対ソ戦に関する特別教官として陸大に来校し、講義でたびたびお目にかかったのが樋口季一郎少将でした。最初はハルビン特務機関長でしたが、後に参謀本部第二部長から中将となって第九師団長に親補されています。

最初の講義は、日露戦争での戦時国債七七〇〇万英ポンドを、一九〇四年に引き受けたジェイコブ・シフから始まりました。このときの英ポンド・円の交換レートは、一ポンド＝九円七六銭三厘ですから約七五〇〇万円、現在（一九九五年）の金額では一兆二二五〇億円を借りたことになります。

シフはフランクフルト・ロスチャイルド家の筆頭家令から、ロスチャイルド家の財産管理をするクーン・ローブ投資銀行の頭取となった銀行家です。

シフが七七〇〇万英ポンドという巨額の戦時国債を引き受けた理由を、樋口さんは「ポグロム」と教えてくれました。ポグロムとは、帝政ロシアにおける反ユダヤ主義のことで、ナチス・ドイツのホロコースト以前からロシアではユダヤ人が迫害され、大量虐殺される事件もあったのです。

樋口季一郎

シフは、その名の通りユダヤ人でした。ロスチャイルド家そのものもユダヤ人金融業者で、巨額の戦時国債引き受けは、ユダヤ人にとっての民族防衛を意味する帝政ロシア打倒の投資ともいえると、樋口さんは続けました。

余談ですが、この時の戦時国債は年利六パーセント、期間一〇年でした。返済期限の一九一四年は第一次大戦勃発で、日本に返済できるはずもなく、八〇パーセント近くを借り換えています。

第一次大戦後の好景気に一括返済という案も大蔵省からでましたが、陸海軍省から、返済するとまさかの時の戦費調達への道が閉ざされかねない、今少し借り換えで行くべきだとの主張が通ることになります。その後、太平洋戦争中の借り換え期間延長もあって返済は長引き、すべてを返済し終わったのは一九八六年になってからのことでした。

返済総額を年利六パーセント、八〇年と仮定しますと、返済総額は元利合計一一八兆九一二五億円となります。もちろんこれはまったく返済しないケースで、実際は借り換えしながらでもすこしずつ返済していますから、実際の返済額は半分くらいでしょうが、それでも五〇兆円です。ユダヤ商法の凄味を見たような気がします。

●独ソ開戦を予測しての譲渡交渉

樋口さんの特別講義は、陸大のどの講義より刺激的でした。二、三回講義したあと、まだ数回続くはずの講義が中断したのは、後ほど説明する、オトポール事件の影響で樋口さんがハルビンに足止めされていたからです。

一九三八年七月、樋口さんが参謀本部第二部長となって内地に帰ってくると講義は再開され、その第一回は東清鉄道譲渡問題でした。

樋口さんが北満の第四一連隊長だった一九三四年秋に、満州国は合弁で経営していた東清鉄道（北満鉄道）を、ソ連に譲渡要請しました。満州国にとって、満州里～ハルビン～ウラジオストクと東西に結び、ハルビンからは大連まで南下する東清鉄道は、対ソ防衛の大動脈となり、軍事面でどうしても獲得したかったのです。

そんなことは、とっくに知り尽くしているソ連がすぐ応じるはずもありません。粘り強く譲渡交渉にあたったのが、当時、外務省から満州国政務局ロシア科長兼計画科長として出向していた杉原千畝さんでした。杉原さんは肩書きこそ政務局員でしたが、ハルビンの日露協会学校卒業後、白系ロシア人と結婚してハルビン在住の白系ロシア社会に溶け込んだ、優秀な諜報員でもありました。また、『ソヴィエト聯邦國民經濟大觀』の著者として、我々陸大ロシア専攻学生もその名前は知っていました。

杉原千畝

杉原さんは、鉄道五億八〇〇〇万円、駅舎、修理工場、配炭、配水設備などを含む付帯設備四〇〇〇万円、総計六億二〇〇〇万円というブラフともいうべきソ連側譲渡価格を拒否し、値下げ交渉に入りました。一九三四年、日本の一

満州国当時のハルビン駅

般会計歳出額が二一億六三〇〇万三〇〇〇円ですから、歳出額の二八・七パーセントというソ連側譲渡価格は、いかにも高すぎます。

これは、私の推測ですが、杉原さんは独ソ不可侵条約からドイツのポーランド侵攻、独ソ開戦までをあり得ると考えていたのではないでしょうか。戦後にわかりましたが、スターリンとモロトフは、一九三三年秋頃に八年以内の独ソ開戦を決意していました。杉原さんに、そこまでの情報が入っていたかはわかりません。ただ、きな臭さは感じ取っていたと思います。

樋口さんは講義中、独ソが開戦すれば、ソ連極東軍主力は欧州戦線に移動する、ソ連に当分満州侵攻の余力はない、関東軍の対ソ戦基本作戦計画は縦深防御だから、日本軍によるシベリア侵入もない、よってノモンハン事変のような国境紛争はあるだろうが、当分全面戦争にはならないだろうと予測していました。同じように見ていた杉原さんは、独ソ開戦に備え戦費調達に焦るソ連の足元を見て、その当時としてはソ連にとって戦略的な意味が少なく、かつ維持費がかかる極東の鉄道路線を買い叩こうとしていたのでしょう。

結局、満州国は一九三五年三月の東清鉄道譲渡協定により、譲渡価格一億四〇〇〇万円で全線の利権をソ連から得ました。経営は満鉄に委託され、杉原さんの忠告により、軌間がシベリア鉄道と同じ一五二〇ミリの広軌から一四三五ミリの標準軌に変更されました。これは、もちろん万が一のソ連侵攻に備えたからです。

●東條、樋口、杉原のハルビン三者会談

ここからは、私が関特演のため参謀本部ロシア課から関東軍参謀として満州に戻った開戦直前の一九四一年八～九月に、関東軍主力師団だった第九師団の師団長に親補されていた樋口さんから個人的にうかがった話となります。陸大時代の特別講義ですっかり樋口さんに心酔していた私は、たびたび個人的に訪問したものです。

樋口さんの話で、強く印象に残っているのは、杉原さんのことでした。

東清鉄道譲渡交渉で凄腕を見せた杉原さんは、一九三五年夏には満州国外交部から情報部第一課課員として外務省に戻り、九月ころから毎年更改していた日ソ漁業交渉に携わります。

交渉の場はウラジオストックでしたが、杉原さんは日魯漁業の漁業基地があったカムチャッカ

半島最大の都市ペトロパブロフスクにまで足を延ばし、調査を重ねました。そのデータを基に、ソ連極東漁業庁チモセンコ長官と直談判して、一九三六年一月にはオホーツク海の漁業権を前年並みに認めさせたのです。

このウラジオストックにおける漁業交渉のあと、当時関東軍第三師団参謀長だった樋口さんは、ソ連情報交換の名目で杉原さんとハルビンで会談しました。

この会談には、もうひとりの出席者がいました。樋口さんは「閣下」としか言いませんでしたが、大佐の師団参謀長が「閣下」と呼ぶからには、関東軍上層部であることはすぐわかります。

会談では、ユダヤ人問題に多く時間が割かれました。樋口さんは、一九二五年から約三年、ポーランド大使館付陸軍武官として赴任していました。そのとき、ロスチャイルド家をはじめとするユダヤ人財閥の底知れぬ財力に驚いたそうです。先述したように、陸大時代の特別講義で、日露戦争時のジェイコブ・シフを取り上げたのは、ポーランド武官当時の経験が大きかったのでしょう。

ハルビンには、白系ロシア人と同じくらいユダヤ人も住んでいました。帝政ロシア、革命後のソ連と、政治形態は変わってもロシア人のユダヤ人迫害は変わらず、東へ東へと追われてきたからです。杉原さんは、ハルビン時代にロシア系ユダヤ人のネットワークも作っていました。日ソ交渉に、ハルビン・ネットワークのユダヤ人情報がたいそう役に立ったと、杉原さんは言っていたそうです。

「閣下」は、熱心にメモをとりながら、部下である樋口さんと一回り以上年下になる外務官僚の話を聞いていました。「閣下」とは、関東憲兵隊司令官兼関東局警務部長だった東條英機少将ではなかろうかと私は推察しました。

東條さんは満州に来る前、陸軍省整備局軍事調査部長をしていて、情報の重要さは知り尽くしています。もちろん、日露戦争でのジェイコブ・シフの戦費調達の件も熟知し、スイス駐在武官、ドイツ駐在武官補時代もありますから、ユダヤ人問題は看過できないことを知っての三者会談だったのでしょう。

●ユダヤへ恩を売る千載一遇の好機

東條、樋口、杉原のハルビン三者会談では、ユダヤ人救済は満州国にとっても日本にとっても国益が多いと結論付けられました。

敵の敵は味方と言います。ソ連の敵であるユダヤ人は、この論法で行けば日本にとって味方、それも戦費調達、ソ連国内情報収集などを考えると、かなり強力な味方になる、ということです。

三者会談の半年後となる一九三六年十月、杉原さんはモスクワ日本大使館二等通訳官の赴任が決まっていましたが、ソ連外務省はなんと「ペルソナ・ノン・グラータ」(好ましからざる人物)として、着任を拒否してきました。モロトフ外相は、東清鉄道や日ソ漁業交渉を見て、「スギハラ

1940年7月18日　敦賀上陸準備中のユダヤ人

は面倒な外交官」と判断したからです。

やむなく、杉原さんはソ連周辺国で情報収集にあたることになりました。まずフィンランド公使館に、二年後の一九三九年にはリトアニア領事館に領事官補として赴任したのです。

杉原さん同様、他のふたりも肩書きが変わります。「閣下」こと東條さんは、中将となって関東軍参謀長に栄転、樋口さんもベルリン出張を経て、少将となりハルビン特務機関長に着任していました。肩書きは変わっても、三人はかなり密接に連絡を取り合っていたそうです。

一九三七年十二月、ハルビンのモデルン・ホテルで第一回極東ユダヤ人大会が開かれました。東條さんの同意を得て出席した樋口さんは、日独防共協定を締結していたにもかかわらず、ナチス・ドイツのユダヤ人迫害政策を強く批判する挨拶をして、出席ユダヤ人の大拍手を受けたのです。

北米シアトル航路の平安丸（1万1614トン）

翌三八年、決定的ともいえるオトポール事件が起きます。ナチス・ドイツの迫害から逃れてきたユダヤ人十八名が、ソ満国境付近オトポール駅（現ザバイカリスク駅）で、満州国入国許可が得られず立ち往生したのです。満州国が入国させなかったのは、ドイツへの配慮でした。

樋口さんに言わせると、「ユダヤへ恩を売る千載一遇の好機」でした。

ただちに東條さんへ根回しした上で、満州国外交部を一喝して入国を許可させ、国境満州国側の満州里駅からハルビンまでの特別編成列車を満鉄に準備させました。樋口さん自身も、あれは言いがかりだったかなあ、と苦笑していましたが、このとき、満鉄総裁の松岡洋右に、「もとはと言えば、大島（浩駐独武官、後に大使）やあんたが招いたことだ。特別列車くらい出すのが筋だろう」と脅迫したそうです。

このオトポール事件で、満州国内にはシベリア鉄道経由の亡命ユダヤ人救済ルートができました。満州里から満鉄でハルビン経由ウラジオストック、または大連に行きます。大阪商船、北日本汽船などが定期運航するウラジオ航路、大連航路で内地の福井県敦賀へ上陸し、亡命先が欧州、オーストラリア方面を希望する者は神戸へ、北米方面を希望する者は横浜に向かわせ、それぞれ欧州航路、豪州航路、北米航路の日本郵船定期運航便に乗船させたのです。

関東軍参謀だったころ、ハルビンで知り合ったホテルのユダヤ人経営者から、親族の写真を見せてもらったことがあります。十人以上の大家族が、デッキの上で笑っていましたが、真ん中の少年の前には「NYK HIKAWAMARU」と書かれた浮き輪がありました。

日本郵船の氷川丸はシアトル航路の貨客船でしたが、客室の豪華さとサービスのよさで世界的に有名であり、チャップリンが来日した時の乗船でした。亡命ユダヤ人に氷川丸のような豪華船客室を準備した日本の対応には、深く感謝すると、彼は何度も握手を求めてきたものです。

●ソ連がユダヤ人に国内通過を許した理由

ここまでユダヤ人の亡命ルートができたのは、「閣下」のお蔭だよ、と樋口さんはしみじみ言っていました。

たしかに、日本陸軍は人脈を重視していたため、「閣下」こと東條さんの関東憲兵司令官から関東軍参謀長の人脈は、満州で強力だったのでしょう。また、内地に戻ってからも、「閣下」は陸軍次官から陸軍大臣、さらには総理兼内相兼陸相ですから、直接の亡命禁止指示がないかぎり、満州国、外務省、関東軍も口出しはできなかったと思います。日本郵船、大阪商船が氷川丸や鹿島丸、平安丸などの優秀船を配船したのも、東條さんの無言の圧力があったと見るのが常識的なところでしょう。

一九四〇年七月から八月にかけて、杉原さんがリトアニアのカウナス領事館で亡命ユダヤ人に日本国の通過ビザを出すことができたのは、ユダヤ人亡命ルートがあったことを知っていたからです。シベリア鉄道でオトポールまで行っても、そこで足止めされては意味がありません。

このユダヤ人亡命ルートは、あくまで満州里から日本経由の欧米、豪州方面までです。東欧、中欧から亡命するユダヤ人は、シベリア鉄道を利用するしかないのに、ポグロムでユダヤ人を迫害していたソ連が国内通過をなぜ許したのか、戦後になってから樋口さんに聞いたことがあります。

樋口さんの答えは、また「敵の敵は味方」でした。つまり、ソ連の仮想敵国、というより遠からぬ将来攻めこんでくるであろう敵国ドイツで迫害されているユダヤ人は、ドイツの味方にはならない。帝政ロシア、ソ連時代の民族的・宗教的差別からのポグロムは、平和な時代の産物である、非常時には、なるべく敵を多くしないのはもちろん、迫害されているユダヤ民族を国内通過させるだけで親ソとまでもいかずとも、反独とさせるならソ連にとって有利である、というのです。

「僕たちだって、似たようなものだよ。僕がオトポールでユダヤ人の入国を許可し、『閣下』が、亡命ルートを確保維持しようと憲兵隊から満鉄、大阪商船、日本郵船まで圧力をかけたのだって、結局は国益のためだからね。国益と言うとまだきれいごとだな。損か得かをてんびんにかけて、ユダヤ人を助けたほうが得だと思ったから助けただけだ。杉原君だって、人道的な理由だけでビザを出したわけじゃない。第二、第三のジェイコブ・シフの出現を期待していたのだと思う。ただ、僕たち三人とも、時代の流れを読み切れていなかった。結果的には、敗戦と言う大損を招いたのだから反省すべきだろうね」

樋口さんのこの言葉は、職業軍人として敗戦を招いたことからの韜晦でしょう。東條さん、樋口さん、杉原さんたちがいなければ、一万人近いユダヤ人が死んだかもしれないのです。損得勘定からであろうと、多くの命を救ったという事実は残るのではないでしょうか。

こんなことを言うと、無欲な東條さんにあの世から叱られると思いますが、杉原さんはイスラエル政府より日本人として初めてヤド・ヴァシェム賞を受賞し、「諸国民の中の正義の人」となっていますし、樋口さんはイスラエルの「ゴールデンブック」に「偉大なる人道主義者」として名前が刻印されていますが、東條さんには何の栄誉もありません。せめて栄誉といわずとも、亡命ユダヤ人救済に、大きな役割を果たしたことだけは覚えてほしいものです。

●終わりに

関東軍情報将校は、ここで紹介した以外にも満州国関連のエピソードを話してくれた。

その中から「二キ三スケ」評が印象に残ったので紹介したい。もとよりこれは一軍人の人物評であるから、偏っていると思われるが、一片の真実もまた含まれている。その判断は読者に任せよう。

「二キ」のうち、東條英機は樋口季一郎との関連で紹介したから、もう一人の「キ」である星野直樹を見る。

一九三二年、星野は満州国に大蔵省から出向、累進し三七年には国務院総務長官に就任、事実上の文官トップとなったが、情報将校によると『事実を見ない小役人』となる。

理由は、一九四〇年の大阪毎日新聞寄稿文で見られるように「満州は独仏伊三カ国合わせた面積があり、支那を加えることで日本の資源・食糧面でのアウタルキー（自給自足圏）は完成する」を持論としていたからだと言う。この持論を、嘘と知っていて国民をだますために主張しているのならまだましだが、星野は事実と信じ込んでいたようだから救いようがないと決めつけるのだ。

情報将校が足で調べた食糧収穫高、石炭、鉄鉱石などの低品質を見逃していたのならば、この人物評は当たらずとも遠からずであろう。

次に「三スケ」筆頭、岸信介である。岸に関しては、さまざまな悪評があることは承知した上で、それでも高く評価すると言う。

理由はたった一つ、一九六一年の国民皆保険、国民皆年金の導入である。当時としては最良の社会保障制度を岸が取り入れたのは、満州国での制度導入失敗を教訓としているのではなかろうか、とのことだった。この人物評は、瀬島龍三・笹川良一・児玉誉士夫らいかがわしい満州国人脈を愛用した暗の反面として、岸の明の一面である。決して見逃してはならない業績である。

「三スケ」次席は鮎川義介、日産自動車を中核とする日産コンツェルン創始者である。鮎川に関しては、なぜ「二キ三スケ」に含まれるか理解しがたい、が人物評であった。軍需物資の生産基地としたいという関東軍の求めに応じて満州重工業開発株式会社を設立したが、米資本を導入しようとするなど、鮎川は国策会社の意味を理解していない、がその理由であった。私企業経営者としては決してまちがってはいない経営判断であろうが、国策会社経営者の器でなかった、ということであろう。

「三スケ」三席は松岡洋右である。松岡もまた、鮎川と同様に「三スケ」の資格なしだった。国際連盟での演説では、日本を十字架上のイエス・キリストに例えるなど、西欧キリスト教諸国から見るとその例えは「狂気の沙汰」であり、オレゴン大学留学では、いったい何を学んできたのかと酷評した。

このような国際感覚を持ち合わせない外務大臣だから、日独伊三国軍事同盟を結び、チャーチル英首相から独ソ開戦近しとの警告電を受けながら日ソ中立条約を締結、独ソ開戦を聞くと、日ソ中立条約を破棄して関東軍が長年準備した縦深防御を無視してシベリア侵攻を主張する。その反動として、南進論が主流となり、仏印進駐から開戦への道を歩ませたとも断じた。

繰り返すようだが、これは関東軍情報参謀の人物評である。正しいか正しくないかはわからない。

わからないと言えば、満州国の実情や杉原千畝の独ソ戦予測など、原資料によって確認できる内容を除いて、ハルビンでの東條、樋口、杉原の三者会談、ソ連のユダヤ人国内通過許可などの傍証はない。あくまで、関東軍情報参謀の回想であり、そこには彼の願望も入っていたかもしれないことは付け加えておきたい。

ある参謀将校の独白

副田　護

戦後五〇年となった一九九五年秋、大本営陸軍部（参謀本部）参謀将校に、アジア太平洋戦争に関する話を聞いた。陸士四六期からトップで陸大五二期に入学したその中佐参謀は、率直に軍隊の本質、戦時下の軍人、知識人に対する考え方を語った。

もちろん、彼の考えが当時の日本陸軍を代表しているとは思わない。ただ、陸軍中枢に開戦以来籍を置き戦争指導をしていた一人のエリート参謀将校の話が、日本陸軍に関する常識をいくつか覆したことは事実である。なお、彼はこの話を聞いた数年後に亡くなった。遺族のことを考えると、階級、名前を控えることをお許しいただきたい。

●軍隊とはなにか

軍隊とはなにか、というご質問ですが、一言でいえば「国家を守る」ことにつきましょう。たとえば敗戦の年の八月九日、ソ連軍は日ソ不可侵条約を一方的に破棄して満州に侵入してきました。このソ連軍侵入について、関東軍はもちろん参謀本部も知らなかった、奇襲だったと言う関係者もいますが、これはまったくの嘘です。

昭和二〇年二月、ソ連大使館付駐在武官補だった浅井勇中佐はモスクワから「ソ連参戦ノ兆シアリ」という報告電をロシア課に入れています。また、浅井中佐は四月の帰国時シベリア鉄道を使い、途中、チタの日本総領事館から「開戦前夜ト思ワレリ」と緊急電を打ってきています。三か月以上前に、参謀本部はソ連参戦を知っていました。

この時、満州防衛にあたる関東軍の兵力は惨憺たるものでした。精強を誇った第九、第二四師団、第五砲兵師団など計一一個師団は、昭和一九年二月から抽出され沖縄、台湾などに配備されていました。その代りに配備したのが、満州の在郷軍人約二五万人を主体とする新編成八個師団、七個混成旅団だったのです。人員では関東軍最盛期とほぼ同じでしたが、訓練は行き届かず、なによりも装備が不足していました。野砲なしの野砲兵連隊、歩兵三人に三八式小銃一丁、あとの二人は手榴弾と三十年式銃剣、いわゆる「ゴボウ剣」だけが武器という歩兵連隊が多かったのです。

この状況で、ソ連が侵入してきたら戦いになりません。継戦するならば、兵力を集中するしかない。そこで参謀本部、関東軍は、西の大連、北の新京、東の図們を結んだ三角地帯以南の、ちょうど朝鮮半島に蓋をするような形で作戦区域を決め、あとの満州全域は放棄しました。この後退を悟られないよう、ごく少数の守備隊を国境やチチハル、ハルビンなど主要都市に配備したのはもちろんです。結果的に、満州全域の居留民は見捨てられ、多くの残留孤児が生まれました。

この作戦案に関して、戦後、非難されたことは承知しています。しかし、軍人としてあえて言うならば当然の判断でした。軍隊は国家防衛を第一の義務とします。有事の際、守るべきは国家であって国民ではないのです。

沖縄防衛戦で、八原博通高級参謀は沖縄本島南部に島民とともに後退し長期抗戦を続けました。結果としてひめゆり部隊をはじめとする民間人が戦闘に巻き込まれ、多数の戦死傷者を出したのも同様の考え方です。

これを、日本陸軍独特の国民軽視と考えるのは間違いです。世界各国、どこの軍隊であろうとも、「国民は国家を形成する重要な一要因であるが、国家と国民の二者択一となれば、軍隊は国家を選ぶ」

は共通認識です。

第一次中東戦争で、ヨルダン渓谷防衛の指揮をとった隻眼将軍モーシェ・ダヤンは、イスラエル守備兵に、

「わが軍は、国家無き国民より国民無き国家を選ぶ」

と訓示しました。軍隊の本質はこの言葉に集約されています。

有事の際、軍隊が我々国民を守ってくれるというのは幻想です。幻想と理解した上で再軍備が必要か否かを考えてください。

●国家、国体とはなにか

国家、国体とはなにか、というご質問ですが、先日、少々驚かされたことがありました。今年、大学に入学した孫と、なにかのきっかけで「国体」が話題となったときのことです。一言二言、話をしていると、どうも噛みあわない。このバカ孫は、「国体」を国民体育大会と思い込んでいたのです。我々世代が常識中の常識としていた国体も、今では死語となっているのでしょうか。

国体を定義すれば、一般的には「天皇制による国家体制」と理解されています。ここで誤解されやすいのが、「天皇制」という言葉です。万世一系たる天皇を頂点とするのが「天皇制」であり、「天皇」と同一ではありません。つまり国体は「天皇による国家体制」ではないのです。

先述したように、日本陸海軍は国家を守るために存在していました。この国家には国民、国土などが含まれますが、もっとも重要だったのは国家と同じ意味を持つ国体でした。ソ連軍侵入のとき、国民である居留民を捨て、当時は日本国土であった満州大半を捨てて後退した関東軍を見てもおわかりになるでしょう。「天皇制による国家体制」を守るためには、国民、国土は見捨てられるのです。

ご存知のように、広島、長崎に原爆が投下され、ほとんど継戦能力がなくなった昭和二〇年八月においても、日本陸海軍には継戦を主張する軍人が多くいました。参謀本部内にもその数は少なくはなく、私もそのひとりでした。

ポツダム宣言に関する情報は入っていました。無条件降伏するかどうかという瀬戸際にあって、我々参謀将校の関心はただ一点、国家存続を意味する国体の護持でした。国体の護持が保証されなければ、ポツダム宣言は受け入れられないと考えていたのです。

ところが国体の頂点にいる天皇が、万世一系であり神聖不可侵である天皇が、国体を否定するポツダム宣言に同意して受容しようとしている、これは軍人として到底納得できるものではありません。なぜなら、軍人は天皇の股肱の臣として統帥大権の下に戦ってきていたからです。北満から南方まで、日本陸軍が戦ってきたのは、ただ国体の護持、それだけが目的でした。おかしなたとえですが、二階に上がって梯子をはずされた、という受け止め方しかできなかったのです。

ではどうするか。明治憲法が定めた天皇の地位は神聖不可侵です。何人たりとも、退位は求められません。その上、我々世代は「君、君たらずとも、臣、臣たるべし」という儒学で育ってきています。国体を否定する君であっても、臣たる陸軍軍人は命に服すのが義務となります。この二律背反に対し、「天皇が天皇たりえずんば退位求むるもやむなし。万世一系かつ国体護持を絶対条件とする正当な天皇の即位を求む」という考えがあり、その典型例が敗戦を迎えての近衛師団反乱でした。そこまで踏み切れず、私も含めて悩んでいるうちに八月一五日を迎えた職業軍人は多かったように思います。

戦後、しばらく経ってからのことです。陸大同期の恩賜組だった友人からこんな話を聞きました。

――「君、君たらずとも」は、孔子の言葉ではなく、朱子学派儒学者の林羅山の言葉である。孔子が「論語」に残した「君、君たり、臣、臣たり」、つまり、君主は君主らしく、臣は臣らしく考え行動せよ、という意味を、巧くすり替えたのだ。家康が御用学者だった羅山に、出来の悪い三代将軍家光に対する忠義を各大名に誓わせるため考えさせた言葉だという。となると、天皇が「天皇制」を否定したあのとき、天皇に退位を勧めて万世一系の「天皇制」を守ること、国体を護持することが軍人の義務ではなかったろうか――

もう一人の恩賜組はこう言いました。

――国体護持に、我々があれほどこだわったのは、それが帝国陸海軍護持と同じ意味を持っていたからである。帝国陸海軍の存在意義が国体護持にあったのは、国体の中でのみ生き続けられたからだ。軍隊といえども官僚組織である。官僚は組織を防衛するために手段を選ばない。昭和二〇年八月の帝国陸海軍内で見られた、軍隊組織を守ろうとした軍人の姿は醜悪の一言だ。それなのに陸海軍軍人の中には、敗戦の責めを自ら負うことなく自衛隊に入隊したものがいる。あの軍隊・軍人の醜悪さを知って再び自衛隊に籍を置く、なにをかいわんや、である――

私は二人の友人の言葉を聞き、素直にうなずけませんでした。ただ、どこかトゲのようにこの言葉が、今も私の中に刺さっています。

●戦時中の知識人たち

戦時中の知識人たちについてのご質問ですが、これは今考えても不愉快になるような人物ばかりでした。まず節操がない。戦争は良くも悪くも、その人格を丸裸にします。平時に実にみごとな言動を見せた人物が、戦時には見るも無残なことをし、戦後は平然とその言動を否定するのです。もちろん、立場は違いますがその言動に感服した知識人もいます。善悪とりまぜて幾人かを紹介しましょう。

東京帝国大学法学部教授だった南原繁には、学徒出陣に対するその対応から深い敬意を払いました。私は軍人です。繰り返すようですが、国体護持のためには手段を選びません。それでも、学徒出陣には反対でした。高等教育を受けた若い将校が戦場に必要なことは理解していましたが、前途有為な人材を戦場に投入するのは愚の骨頂と考えていました。なぜなら、この先五〇年、一〇〇年と、国体を護持するためには多くの優れた人材が不可欠だからです。

南原繁は、昭和一八年秋の学徒出陣に関して、反対こそしなかったものの、学生たちに「死ぬな、生き延びよ、将来の日本は諸君の双肩にかかっている」と言ったそうです。この言葉の重みがおわかりでしょうか。

我々職業軍人は神風特攻、バンザイ突撃なんでもします。

平時に軍人が、ある意味ただ飯を食わせてもらっているのは、一朝ことあらば命を捨ててもよいという覚悟があるからです。それを、将来有望な学生諸君に求めるのはお門違いというものです。また、驕敵撃滅のため猛訓練を重ねてきた職業軍人にとり、素人の学生にその代用を求めることは専門性を否定されたようで不快感もあります。

この南原繁と正反対の教育者もいます。慶応義塾塾長だった小泉信三です。時流に流された小泉の戦争協力は極端でした。塾生の髪を切らせ、マフラーを禁止しポケットに手を入れるなと厳しく指導しました。塾生に対し「善き軍人たれ」が口癖で、日中戦争のころから学徒出陣を主張していたのです。小泉は「戦時下文政の確立を望む」に大要こう書いています。

「この際政府は聊(いささ)かの遠慮も要らない、断じて学徒を徴収されたい。学徒はその身を鴻毛の軽きに置くであろう。当局は急速且つ徹底的に学徒を徴収し、優秀な兵隊を戦線に送り出し皇軍の威力に一層の光輝を添えて貰いたい」。

これがリベラリストの言葉かと耳を疑います。一人息子を戦死させた父親だからという擁護論もありますが、それならばなおのこと、己が悲しみを学徒の親に味あわせないようにするのが教育者としての務めではないでしょうか。南原の「死ぬな、生き延びよ」の言葉と比較し、軍部に対して「身を鴻毛の軽きに置く」という小泉の言葉を聞かされた塾生に同情せざるを得ません。

最後に知識人と言えるかどうかわかりませんが、白洲次郎についてお話ししましょう。昨今、「マッカーサーにNOと言ったただひとりの日本人」「軽井沢ゴルフクラブから田中角栄を追い出した」などと、英雄扱いされていますが、私の知る限り、白洲と言う男は度胸もなにもない「腰抜け」でした。

昭和一九年の秋口だったか、負け戦続きのころです。私は何人かの同僚と小料理屋で酒を呑んでいました。突然、廊下から怒鳴り声が響き、同時に誰かが殴られたようでした。襖を開けて出てみると、仁王立ちになった参謀将校がいて、長身の男が頬を押え泣きながら土下座して謝っています。

参謀将校は広島幼年学校で私の先輩であり、陸大では専科のK・H中佐でした。H中佐をなだめていたのが樋口季一郎中将、襖越しに室内を覗くと、辰巳栄一中将がいます。H中佐に、なにがあったのですか、と聞きましたら、長身の男は辰巳中将に徴兵逃れを依頼し、そのお礼で一席設けていたとのことでした。

当時、徴兵逃れなど珍しくもありません。どこの町内にも一人や二人いて、徴兵された留守宅の女性たちと生臭い噂をふりまいていたものです。徴兵逃れだけでしたら舌打ちのひとつで済んだものを、この長身の男は大声で「こんな戦争、始めたやつの顔が見たい。馬鹿じゃないか」と放言し、たまたま廊下を通りかかったH中佐に張り倒されたというのが顚末でした。

辰巳中将と英国留学時代に親しかったというその男は、白洲次郎と聞きました。あのおどおどした土下座姿を見た私には、マッカーサーにNOと言ったことは伝説伝聞の類で信用できません。関係者の何人かから、白洲にそんな度胸があるはずもない、フィクションだという話も聞いております。軽井沢ゴルフクラブから田中角栄元総理を追い出したのは、身の安全が保障されていたからでしょう。

白洲次郎について「権威に屈さず、プリンシプルを重んじ、筋を通す」と評されます。私は、辰巳中将という虎の威を借りて徴兵逃れした上に思いあがった暴言を吐き、一参謀将校に張り倒されると泣いて許しを乞うていた男に、この評価は絵空事のように思えてなりません。

●終わりに

昭和天皇が亡くなった一九八九年の夏、大本営陸軍部（参謀本部）、海軍部（軍令部）参謀たちへ、アジア・太平洋戦争についてのインタビューをした。そのうち何人かには、追加インタビューして話を聞いた。

ここで紹介したのは、そのうち一人の陸軍参謀将校から聞いた話の一部である。

国体は「天皇による国家体制」ではなく、「天皇制による国家体制」であり、軍隊が守るのは国民ではなく国体であるという指摘は、私を肯かせる説得力があった。また、学徒出陣に関して否定的であったことには驚かされた。前途有為な学生たちを戦場へ送り込むな、国体護持には必要な人材であるという日本の将来像を見据えた考えと同時に、素人の学生に職業軍人の替わりは務まらないというプライドも見えて興味深かった。戦後生まれの私にとって、「職業軍人」という呼称は蔑称かと思っていたが、陸士、陸大出のエリート参謀将校にとってはプロフェッショナル軍人を意味することも初めて知った。

インタビューした参謀一八人は、みな鬼籍に入った。戦争末期に新兵だった昭和四、五年生まれも傘寿を越える。アジア・太平洋戦争の生き証人はもうほとんどいない。もっと多くの将兵から話を聞いておけばと悔やまれる。

「Niche」27号（二〇一二年一月一日発行、批評社PR誌）「ある参謀将校の独白」より再録。

副田 護（そえだ・まもる）
一九四七年生まれ。慶應義塾大学商学部卒業。出版社勤務を経て医療・軍事・古代史などをテーマとして執筆活動を行う。
主著として、『戦艦大和のすべて』『健康・常識のウソ』『太平洋戦争49の謎』『世界の謎大百科』『ユダヤの真実』ほか多数。

吉本隆明の「在野的精神」

大日方公男

吉本隆明さん（以下すべて敬称略）が戦後日本のもっとも重要な思想家であることは言を俟たない。自覚的にものを書き始めた一九五〇年代から二〇一二年三月に亡くなるまで、社会理論や歴史認識、文芸批評など、分野を跨いで広い領域で考察や発言を続けてきた。もとよりそれらの考察を支えた世界認識の水源や系譜を丹念に探る力も意図もないので、このエッセイは、吉本隆明が育てた知や批評のスタイルがどのようなものかを紹介したく思う。吉本の影響力や彼の生きたそれぞれの時代の知のあり様や、戦後の大学や学生のあり様と対照させながら、吉本をよく知らない読者にも伝えたい。それが多少とも吉本の「在野的精神」の展開のラフ・スケッチを描く試みになればと思う。

思想の歩みの始まりはやはり戦争体験だろうか。先の長い総力戦とその敗戦は、日本人にとって空前絶後の経験であり、その影響は戦後の日本社会にさまざまな形で長く尾を引いた。多くの日本人が空漠感や困窮を抱えたまま、戦争を誘発した内外的な要因、これから生きる新しい社会の価値観や人間の姿とは何かを思い、それぞれの場所からとぼとぼと歩き始めた。

吉本隆明は九州の天草から来京した船大工一家の子として生まれ、軍国少年としてメンタリティーを形成し、長じてからは文学青年であると同時に米沢高等工業や東京工業大学で理系の知識を身につけた。敗戦を大人のとば口の二十歳で迎えた吉本は「徹底的に戦争を継続すべきだという激しい考え」(『高村光太郎』)を抱いていたことを述懐している。「正義の戦争などはない。僕が唯一全否定できるもの、悪と認めてはばからないものは『戦争』である」(『真贋』「批評眼について」)と後に語ったように、戦前の経験と戦後の意思のギャップを埋めてゆくことに吉本の思想的課題があった。吉本の世代は「戦中派」と呼ばれ、大なれ小なれ同じような体験や心情を共有していた橋川文三や鶴見俊輔、三島由紀夫や島尾敏雄など、同世代の思想家や作家たちは戦争や敗戦後の生を抜き差しならない経験として語り、それはほかのどの世代より強く彼らの思想や表現と結び付いていたように思える。

大学卒業後は東洋インキに技術研究員として入社、組合長として労働組合闘争に従事した。一方で、毎日のように詩作に耽り、鮎川信夫や田村隆一の戦後詩グループ「荒地」に参加、評論活動も手掛けるようになる。やがて会社を辞職し、失業。失業中の三角関係、六〇年安保闘争への参加、谷川雁・村上一郎らと批評誌「試行」（後に吉本一人の刊行物となる）を創刊した経緯は、自他ともに多くの記録や証言が残っている。「戦後もっとも衝撃を受けた事件は？」というアンケートに「自分の結婚の経緯。これほどの難事件に当面したことなし」と吉本は答えている。この頃までが戦後の社会的混乱や困窮のなかで辛酸をなめた吉本の「修行時代」だったのだろう。大なれ小なれの辛酸をなめるのは誰の人生も同じだが、その苦境を養分にして、独特な思想を創出し深めていったのは吉本ならではの知の履歴だった。

安保の後、吉本は思想の裾野をより広げるための沈潜と飛躍の時代を迎える。日本の社会は戦後的風景が少しずつ地ならしされ、高度成長に向けて急激に姿を変えていった。東西の冷戦は既成事実化し、メディアや文化は多様化してゆく。知のあり様も社会の変化に歩調を合わせて大きく変わっていった。吉本自身は特許事務所に勤め（四十四歳まで）、次第に文芸評論家や詩人として地歩を固め、批評家として脂ののった活動を展開した。『共同幻想論』『言語にとって美とはなにか』『最後の親鸞』『戦後詩史論』などの著書や著作集も刊行され、六〇年代〜八〇年代にかけてもっとも多くの読者を獲得した批評家・発言者の一人になっていった。

●読者によく届いた思想の声と語り口

戦争の経験や戦後社会の変貌を背景とした吉本隆明の思想は、ほかの多くの表現者よりも読者によく届く声音を持っていた。声がもっともよく届いたのは主に戦後生まれ団塊の世代やそのやや後発世代の学生たちである。彼らは全共闘世代とも呼ばれ、全国の大学ではいまでは考えられないような反体制・反戦・大学改革などをうったえる学生運動が盛り上がっていた。学生たちは自分たちが生きる戦後や同時代の新しい価値観や行動の指針を求め、吉本の声はそんな若者たちの柔らかな部位をさまざまな手練の言説で刺激した。彼らを運動へと駆り立てた「得体の知れないエネルギー」に時代的根拠を与えたのが吉本の言葉だったとも言える。

「日本の左翼官僚主義組織のすべての支配が、現在まで、世間知らずの良家の優等生子弟の手に牛耳られており、大衆労働者がこれに遺恨を抱きながらも、自己上昇してそれらに知的に接近することを選ぶか、逆にいわれのない劣等意識に身をこがして対峙するというケースから逃れられないのは、かれらがナショナル＝ロマンチシズムの裏面にインターナショナル＝リアリズムを発見するにとどまり、このインターナショナル＝リアリズムの裏面に、普遍ロマンチシズムの虚偽が付着していることに気づかないためである。私は知的大衆としての知識人と大衆そのものが、この普遍ロマンチシズムの虚偽に気づく過程を、かりに『自立』と呼ぶのである」（「日本のナショナリズム」）と言う。

「普遍ロマンチシズムの虚偽」とは、鹿島茂が『吉本隆明１９６８』で指摘したように、かつての学生の誰でも持っていた伝統的な立身の欲望を知的な上昇にすり替える時に抱きがちな教条的な左翼思想の謂いである。左翼や右翼という旧来の政治思想の区分の仕方の限界を見据えながら、自らの世代体験と引きくらべて、当時の学生運動が戦前のプロレタリア運動などとは異なる「大衆的なインテリゲンチャ」の行動であることを吉本は指摘した。戦後のベビーブームで生まれた団塊の世代の大学・短大進学率は約二〇％で、戦中の吉本の世代の三倍となっている。現在の五〇％以上と比べるとまだ少ないが、「知的大衆」以上でも以下でもないことは明らかであった。大学紛争の政治的運動の中で「自己否定」や「大学解体」がスローガンとなったことは今に伝わるが、それは一部の旧帝大でのことであり、むしろ「自己実現」を掲げた私大の学生たちの方が自分たちの現実に正直だったと言える。

また、「学園騒動のそのまた内部で個々の学生さんたちは現代の社会の特権的な系列下のなかに滑り込んでいくという実感を、自分自身ですら感じることができない処で、自分のあり方を自分で問いつめざるをえないという課題を突きつけられていると思います。…そこで〈自立〉というのは何かという問題が自分に問いを突きつけられる。その自立と言うことをどう考えたかと申しますと、世界のどこかに天国があるとおもってはならないということなんです。それから世界のどこかに天国をもたらすひとがいると、考えてはならないということです」（「現代における政治過程にとってその自立とはなにか」）とも声色を変えて言う。

若い世代の行動や思想に、戦前の天皇制や戦後の共産党のような国家や組織や党派のイデオロギーよりも、社会の中での自分たちの立ち位置や私的利害を優先する姿に新しい意味を見いだし、学生運動に関わった彼らに共感を示したのだ。知が陥りやすい落とし穴の構造を硬軟とりまぜた口調で指摘しながら、それを巧みに迂回する〈自立〉の思想を言挙げし、吉本の率直だが力強い声や認識に導かれて、若い世代も自分たちのそんなセルフイメージを肯定していったように思える。敗戦から二十年以上たった日本社会の知や教育をめぐる実相や問題点も、そこには見いだすこともできる。

当時の学生たちに吉本隆明の声や言葉がよく届いた理由は、その語りのスタイルにもあった。「惨劇にはきっと被害者の名前が記録されるのに／恋にはきっとちりばめられた祝辞があるのに／つまりわたしはこの世界のからくりがみたいばっかりに／惨劇からはじまってやっと恋におわる／きみに視えない街を歩いてきたのだ／かんがえてもみたまえ／わたしはすこしは非難に鍛えられてきたので／いま世界とたたかうこともできるのである」（「恋唄」）

書き写しながらどうにも照れてしまう。抒情詩の言葉が甘すぎて恥ずかしい詩なのではない。吉本隆明の詩を読んで、何かの鬱積を解消していた若い頃の姿が思い出されてしまうからだ。だが、ちゃんと読めば吉本は、労働運動や三角関係などの経験からくみ取った思想を詩にも刻しながら伝えていることがわかる。自分のあり方を内面的に問いかけた時に沈んでゆく世界、それから「惨劇」のような複数の人間や集団が関わる社会、さらに「恋」は恋愛や家族のように性を介して結びつく世界だ。この三つの幻想（観念）の区分とそれぞれの関係を、自己幻想・共同幻想・対幻想と吉本は『共同幻想論』で提示した。

孤独な内面への凝視、恋愛や家族のように身体をもった別の人間と向き合う次元、さらに倫理や規範や約束事で成り立つ社会、人間が生きてゆくなかで避けがたく向きあわねばならない存在のあり様を示しながら、それを生硬な観念の言葉ではなく、感情や情緒を担保した詩の言葉で伝えたことは、吉本の声を増幅させた。詩を入り口に批評や発言を読み始めた読者も、意外に多いのである。それは集会やデモなど運動の現場に出向く意思や理由を磨き鼓舞する詩の言葉ではない。どんな集会やデモにも必ず伴ったザラザラした感情や疲労を、吉本の詩は慰謝してくれたのだ。

●論争と批判的発言が鍛えた独学精神

抒情詩のほかに若者たちに人気を博したのは、「試行」などで三十年以上続けられた「情況への発言」における左翼リベラルに向けての容赦のない批判がある。

「山口昌男というチンピラ文化人類学者がいる。フィールド・ワークの蓄積もなければ、理論的な訓練もない。あるのはこの男の書く文章の表題だけのカッコよさと、ジャーナリズムに悪乗りする才能と、欧米文献の猿真似の敏感さだけである。」(「試行」31号「恣意的感想」)。「『岩波』『朝日』的教養主義、進歩主義の本質はなにか。コードに引っかからない限りでの進歩主義さ。筑紫哲也の動きをみるとよく分かる。この男はポーランド『連帯』が弾圧され、たたきつぶされるまでは、真っ先に『連帯』を支持していた。ソ連とヤルゼルスキイが軍事的にこれを制圧すると、けろりとしてソ連製『反核』にとび移って、ひとを叱咤しはじめた。これで矛盾がないつもりなんだ」

（「試行」59号「『反核』問題をめぐって」）…。

ごく一部を取りだしただけだが、この調子の「雑言」は引きも切らない。これぞ吉本の真骨頂という思いで、「試行」を手にした時には真っ先に読んだ（たいていこれしか読まなかった）。剣さばきの鋭さに加え、「馬鹿」「死ね」を連発するガラの悪い口調から「喧嘩殺法」と呼ばれた。「一度も自分の方から仕掛けたことはない（つまり吉本への批判が先行する）」と言い、発表の場は主に個人編集誌ではあったが、やられた方は穏やかではない。羽仁五郎、丸山真男ら年長者から、小田実、蓮實重彥ら同世代、岡庭昇、津村喬、柄谷行人、金井美恵子、浅田彰ら年下の世代まで、特にアカデミズムやジャーナリズムの区別なく当時の知の主流をなし、メディアへの露出度が高い文化人や知識人（吉本も高かったが）が多かった。さらに「第三の眼」「流動」「日本読書新聞」など、いまはなき左派的メディアも厳しい批判に晒された。

吉本の批判を鵜呑みにする必要はないが、戦後のリベラルな知識人が体制批判者の顔をしながら公的な立場やイデオロギーから発言する党派的な思考には、特に容赦なかった。また歴史的にも情況的にも本当は簡単に解決できない問題に向き合いながら、知的で賢しらな上から目線で簡単そうに答えを見いだしてしまう思考に対しても存分に発揮された。時にそれはかつて自分が影響を受け敬愛した表現者へも向けられることすらあった。

数々の論争も吉本隆明の「浮名」を上げた。読者にもメディアにも喧嘩は面白い見せ物である。壺井繁治ら新日文の詩人たちの翼賛的な戦争詩を「戦争体験を主体的にどううけとめたか、という蓄積感と内部的格闘の跡がない」(「抒情の論理」)と批判した詩人の戦争責任論争、同様の主題から発し、政治と文学の話題を展開しながらお互いの過去の「転向」の経緯まで暴露した反則の応酬となったことでむしろ話題となった花田清輝との論争、政治と芸術の優位性をめぐっての武井昭夫との論争…。

六〇年代までは社会のなかに濃厚に戦後的空気が残り、冷戦構造のなかでの戦後文学や安保闘争などの事象をめぐり、論争はまだ政治的な了解事項であった。また互いの論争者もイデオロギーや思想を盾に構えることができた。だが八〇年代以降には、急速な経済発展による消費社会化やポストモダンの流れ、冷戦構造の枠組みだけでは捉えきれないソ連や中国など社会主義大国の変貌の兆しが登場し始めた。そんな時代の移り変わりを背景にしながら、文学者たちが核兵器の廃絶をうったえた反核署名にたいしての『「反核」異論』、さらにその延長でかつては信頼感を表明しあってきた埴谷雄高とのお互いの暮らしぶりまでくさしあった論争、長く理解者として共闘してきた荒地の詩人の鮎川信夫とのロス疑惑事件を引き金にした論争などは、埴谷や鮎川にとってのみならず、吉本にとっても痛みを伴ったにちがいない。

しかし吉本は、かつては反帝国主義・反スターリニズムを標榜し、大国への従属を嫌悪してきたオールドリベラリストたちが、日本社会の変貌や現状に耐えきれず社会主義へのノスタルジーを語り、アメリカの可能性を語り始めたことへ「思想のロマンチシズムの虚偽」を嗅ぎとり、論争に踏み切っていった。左派/右派などの言葉で自分の立ち位置を確認することのできた政治の時代は終わり、資本主義が隅々にまで浸透して社会全体が豊かに底上げされながらグローバル化し始めた八〇年代以降も、吉本隆明は間断なく〈現在〉をめぐる発言を続けた。還暦を迎える歳になってなお高速独楽のように回転を速めて、リベラルな思想が陥りやすい罠を指摘し、『重層的な非決定へ』『マス・イメージ論』『ハイ・イメージ論』など、時代の水面下にある共同幻想や無意識を読み解く作業を加速させた。独楽がはじく対象がかつての知己であっても、その回転をゆるめようとせず、〈自立〉の姿勢を貫こうとしたと言えばいいのだろうか。

「吉本の思想はそうした論争をくぐり抜けることで、実は論争そのものの摩擦熱によって鍛えられ、打撃の応酬によって育ってきたといっても過言ではない」と、添田馨は『吉本隆明　論争のクロニクル』で論争の社会的背景や思想の違いを読み解きながら指摘する。差し引きできない経験から編んだ世界認識に裏打ちされる発言者としての威信を賭けて交わされる数々の論争や、歯に衣きせない批判的発言も吉本にとっては、スリリングな独学的鍛錬になったにちがいない。

「カリスマ」的な威風と共に若い学生たちの感受性に方位を与え、吉本は六〇年代から七〇年代にかけての思想的なトップランナーとして支持された。しかし一方で、その声や言葉の浸透力の大きさゆえに、いたるところで吉本への批判が噴出した。その批評や語り口の亜流も登場し、私のような「吉本主義者」も大量生産された。いまから見ると「大衆の原像」を「ロマン化された虚構」（竹内洋『大衆の幻像』）と呼び、また「吉本隆明という『共同幻想』こそ近代社会に広範に潜在している『知識人の病』の現れ」（呉智英『吉本隆明という「共同幻想」』）と総括する気持ちもわからないではない。吉本の思想は普遍性を志向するゆえ、原理主義的に捉えられやすい。そこに読者の信仰心が被さった熱病のような知的モードを振りまいていたことは確かなのだろう。

●本当の反体制的な思想とは？

仁義なき論争や歯に衣きせない批判の営為は、吉本の独学的スタイルや在野的精神をより深めていった。吉本の独学は批評家という器のなかによく盛り込まれた。大学のような機関で専門的な知を身につけ、その中で研究者として狭い領域ながら精緻な実証的知識を提供することを吉本は選ばず、文芸・思想・宗教・政治・芸術・大衆文化・言語・化学・家族・産業・古典・心理・歴史・経済など、どんな分野にも批評で応答した。学生などの講演会に呼ばれると時間の許す限りは出向いて話をしたが、大学に職を得たことは一度もなかった。

文学的な直観力をもっとも大事にしたが、個人と社会のあり様を内面的に描いた夏目漱石、私性と経験を手放すことなく批評を展開した小林秀雄、自前のメディアで状況への発言を続けたサルトルなどの文学者の仕事や姿に大きな影響を受けてきたからだろう。分野を横断し、器用貧乏に陥ることなく、どんな領域にも出向いていった。また自らの暮らしや老い、家族や知友を介して、人間力のある、味わい深いエッセイや追悼文や生活記録も多く書いた。どの文章も、どこを切っても「吉本隆明」という人間の貌と世界観を浮き彫りにしている。

「怠けもので、遊び好きで、しまったと思ってあわてて『書見』などしかつめらしくやりだしたインテリやくざ」（情況への発言「さまざまな応答」）と自らを語りながら、人と同じような日銭を得る暮らしを二十四時間維持し、詩を書いたり観念的な仕事をするのは「二十五時」だとした生活思想のなかで、鍛えあげられた独学である。

類は友を呼ぶ。吉本の周りにはさまざまな独学者が集まってきた。批評誌「試行」はそんな在野的な知識人の離散習合の場の一つであった。本は書店で立ち読みし謄写版を切る仕事を続けながら苦学して表現重視の言語学を組み立てた三浦つとむ、九州の炭鉱で山村工作隊を組織した詩人・批評家の谷川雁、「草莽の一文人」を自称し編集の仕事をしながら小説や批評を書き後に自刃した村上一郎、政治犯として旧ソ連に拉致され独房で反スターリニズムの思想を磨いた内村剛介、造反教師の活動の後に詩的リズム論や詩史を展開した菅谷規矩雄、「対幻想」の思想を軸に家族論を展開した芹沢俊介らが、吉本とともに「試行」を立ち上げたり、参加したりした。どの人物たちもそれぞれの批評の広場をつくりながら、多くは大学とは無縁の在野の物書きであった。

人口の多い団塊の世代は、競争相手も多く、戦後の経済発展で多様な文化メディアも出揃っており、既に大学という制度やそこで継承されるアカデミズムの知に満足できなくなっていた。当時の多くの学生たちは、吉本を軸としたそんな批評家たちの生き方や言葉にインスパイアーされ、加藤典洋・高橋源一郎・内田樹・瀬尾育生・橋爪大三郎・山本哲士・中沢新一・中島岳志ら、批評意識の強い次世代の発言者たちの登場を促した。彼らの多くは大学の寄生者だが、それは大学の実態が変化し、アカデミズムと在野ジャーナリズムという対立構図では割り切れない社会環境になったからである。大学で学んだり教えたりすることも在野で研鑽することも、社会的な階層や与件の問題ではなく選択肢の問題になったのだ。

寄り道だが、吉本隆明が安保後の一九六一年から三十六年間続けた雑誌「試行」（全七十四冊）についても少し触れたい。川上春雄の支援のなかで、「試行」は吉本が編集を続けたジャーナルであり、「情況への発言」のほかに『言語にとって美とはなにか』『心的現象論』など、吉本にとって骨格をなす仕事の発表の場であった。文芸や詩歌の分野にはもともと同人誌の慣習があり、商業的な文芸ジャーナリズムと棲み分けてきた。戦後の「近代文学」や吉本も参加した「現代評論」など、批評の分野でも新人の鍛錬の場として数々の同人誌があった。「試行」が特別に新しいメディアの形を持ったわけではないが、既成の出版社に頼らず直接購読者を主体とした自由投稿の批評を展開する自前のメディアとして、その後に登場した批評冊子にある自覚や空気のようなものを伝えたように思える。手元の冊子を列挙するだけでも、「あんかるあ」（北川透）、「無名鬼」（桶谷秀昭）、「白鯨」（藤井貞和ら）、「ことがら」（小坂修平）、「路上」（佐藤通雅）、「乾坤」（三上治）、「ておりあ」（小浜逸郎ら）、「テーゼ」（吉田和明）、「現代批評」（川村湊ら）など、分野はさまざまだが出版社から出た批評誌「磁場」（国文社）、「オルガン」（笠井潔ら）など、人脈や目論見こそ違え「杼」（絓秀実ら）や「季刊思潮」（柄谷行人ら）なども含めてもいいかもしれない。商業誌や総合雑誌には書けないもっとも力のこもった批評の発表の場として、それらの批評誌は七〇年代から八〇年代にかけての「批評の時代」

の内実を形づくった。

自前の冊子でタダの原稿を書くことと、商業メディアから依頼された原稿を書くことに大きな違いはないと吉本は言う。一方で「文学や思想には『行き』と『帰り』がある。『行き』は資本主義でいい。『行き』は必ず資本主義がその人の成長を育ててくれる。しかしもし思想がそこで終わりだったら資本主義を肯定しているだけじゃないか。だから本当の思想はどこから出てくるんだといえば、それは『帰り』にあるんです。本当の反体制的な思想とは『帰り』の思想なんです。……『帰り』から現状を語り延べること、そういう課題を絶えず自分のなかに取り込んでいること、それが反体制的な思想であり、本当の左翼であるというふうに、ぼくらは考えたんです」（『吉本隆明未収録講演集⑦』「『試行』の立場」）と言う。「試行」はこの「帰り」の意識が試される場であり、資本主義が助けてくれない、むしろそれに抗うような知や表現を掬いとったメディアというのが、吉本が「試行」を最後まで手放さなかった理由である。

吉本は親鸞の「非僧非俗」の思想や生き方から、「行きと帰り」の位相を摑みとった。「〈知識〉にとっての最後の課題は、頂きを極め、その頂きに人々を誘って蒙をひらくことではない。その頂きから世界を見おろすことでもない。頂きを極め、そのまま寂かに〈非知〉にむかって着地することができればというのが、おおよそどんな種類の〈知〉にとっても最後の課題である」（『最後の親鸞』）。勢古浩爾が『最後の吉本隆明』で述べたように、その考えが「だれからも理解されなくても、『大衆の原像』という思念にこだわりつづけた」理由であり、知識人に対していつもノンシャラントな態度をとり続け、左翼思想や宗教が陥りやすい「ロマンチシズムや虚偽」を暴くことを批評家の仕事に課してきた理由だろう。

多少は体質的な違和感や疎隔感もあったのだろうが、丸山真男や加藤一郎を批判したのは彼らが筋金入りのアカデミシャンだからではなく、数多くの左翼知識人を批判したのも思想的な近親憎悪によるものではない。「はっきりした世界史のイメージを持った」（『丸山真男』）彼らの知が「頂きを極め」たところから大衆を指導するだけのものであり、そこから思想の母胎たる自然や人間に「帰る」思考を感じ取れなかったからだ。大学も資本主義も、もっと言えばそれらを含むさまざまな専門的・分業的な体制や知も半分は認めるべき価値である。専門的で批判的な知は必ず書き手の成長を促し、人や社会の役に立つ。だがそれでも戦争や悪徳はなくならない。広い射程を持つ思想は瞬時に世界や歴史を包摂するが、それがともすれば無効になるような世界や実存を示すことが、吉本が「還相」や「横超（おうちょう）」という言葉で表したものだろう。そしてそれこそが吉本の「在野的精神」のもう一つの在りかなのだと思う。

●ポストモダンへの対応と知の加速化

最後に八〇年代以降の知や社会のスケッチを少し描いてみたい。第一次産業（農林漁業）から第二次産業（工業）へと大きく移行した戦後の日本の産業構造は、一九八〇年頃には第三次産業（商業・サービス業)が最大となり、都市化もさらに進み、社会や生活の維持に必要なインフラはほとんど揃っていった。欠如を条件としていた戦後的な生活感覚はほぼ解消され、市民社会を生きる人々の欲望の対象は拡張し、生活も文化も「違いが分かる」差異の競い合いが始まり、バブル経済や消費社会が出現した。一九八〇年の大学・短大・専門学校の進学率は三八%となり(高校進学率は九二%)、教育のマスプロ化が加速、大衆社会化の一途をたどっていった。大学は知識や文化の養成所としての役割を失っていった。岩波・朝日文化など伝統的な教養主義は次第になりをひそめ、一方でより高度に秘教化していったが、映画・マンガ・ポップス・テレビなどサブカルチャーの文化やメディアは広範な広がりや質的な深まりをみせ、資本主義的・消費社会的な環境で底上げされ、時代の才能を集めていた。

八〇年代の知の風景でもっとも特徴的だったのは、ポストモダンや「ニューアカデミズム」の風潮だろう。それは海外留学や大学院進学が珍しくなくなり、全共闘世代より一まわり下の世代の一部の若者たちによって担われた新しい知の運動、文化的モードである。難解な用語や論理を繰りながら、ラカンやデリダやソシュールら構造主義やポスト構造主義の思想家たちの仕事が紹介された。人文的な知は歴史や社会を構築したり、抑圧をもたらす社会の変革の手段となるものであるよりも、歴史の大きな物語や抑圧の構造を解き明かして回避する戦略であることが強調された。日本ではどこかで競争社会や偏差値教育に馴染んだ頭の良さや知識の質や量を誇る教養主義であったため、そもそも知識で生きることのない大衆や、多くの若者たちには無縁の風潮であった。「頭の悪さ」にあまり場所が与えられない運動であったが、それでも「キャンパスに浸透した大衆文化による象徴暴力によって教養難民化し始めた集団による文化防衛だった」（竹内洋『大学の下流化』）と捉えることもできるだろう。

ポストモダンを促したのは欧米の現代思想に通じた学者たちで、吉本隆明は時に彼らのことを「翻訳業者」と揶揄した。また文化的な先進を標榜していながら、「政治的には左翼的な党派性に基づいた言説を繰る」柄谷行人や浅田彰などポストモダンの論客を「ソフト・スターリン主義者」として批判を繰り返した。戦争体験などから孤独に導き出した自立の思想や、社会構造の総体を捉える時に「大衆」を基盤に置くような思想（後に保守の思想家たちからもポピュリズムと批判された）は、さまざまな欧米の先進思想の引き出しから必要に応じて処方箋を提示できる若い秀才たちには、時代遅れに見えたのかもしれない。「アジア的」「アフリカ的」と国家の発展の歴史を段階論的に起源まで遡ることでさまざまな文化の因習を相対化しようとしたのが吉本の方法だが、ポストモダンは、現代に伝えられる歴史的な文化はおおむね近代に制度化されたものだとあっさりと、しかも見事な切り口で実証していった。また日本的特殊性や日本語にこだわりながら自分の足元の穴を掘る吉本の立ち位置に対して、ポストモダンは「知的な鎖国」の打破を言挙げし「交通（インターコース）」の重要性を説いた。

吉本隆明も一九七八年のフーコーとの対談あたりを転機に、新たに出来した高度経済成長を経た都市や消費社会に向き合い、その多様な文化表現の解読のために思考の運動を加速化させた。『マス・イメージ論』や『ハイ・イメージ論』では、〈現在〉が生み出す詩や小説の言語表現からマンガやテレビやファッションのようなイメージ表現の解読を、『言語にとって美とはなにか』や『心的現象論』の方法や成果を応用して、多彩な概念を駆使しながら試みた。『世界認識の方法』以降、自らが培ってきた〈自立〉やマルクスの思想、人間の意識や無意識をめぐる内外の思想的成果、さらに吉本独特の概念や詩的イメージを織り交ぜたアマルガムな思想的意匠は、何やらポストモダンの脱構築の思想のそれと似かよって見えもした。かつての思想的同志と思われた埴谷雄高や鮎川信夫らと論争の果てに決別したのも、さまざまな分野の学者たちと精力的に対話を交わすようになったのも、社会情況の大きな変化に即して、ギアを切り替えて思想の速度を上げたことの結果だったのではないだろうか。

「吉本隆明の『言語にとって美とはなにか』は、孤独な書物である」(「建築への意思」)と言ったのは柄谷行人だ。柄谷はポストモダンの思想的旗手と目されたが、もしそうであれば、それは吉本的な思想の力や問題意識を手放さなかったためだろう。「わが国では、文化的な影響を受けるという意味は、取捨選択の問題ではなく、嵐に吹きまくられて正体を見失うということであった。そしてやっと後始末をして、掘立小屋でも建てると、まだ土台もしっかりしていないうちに、次の嵐に見舞われて、吹き払われるということであった。もちろんその度ごとに飛躍的な高さに文化はひきあげられた。でも、その高さを狐につままれたように、実感の薄いままに踏襲しなければならなかった」という吉本の『初期歌謡論』の言葉を何度も引用しながら、柄谷は『言語にとって美とはなにか』のような体系的に構築された吉本の思想を評価し検証する。そして近代の限界を乗り越えようとしたポストモダンのなかに単に華やかなモードや意匠だけの知ではなく、連続性や構築性を見いだしてゆく作業に取り掛かる。吉本がマルクスの思想を足掛かりに文学的な想像力を駆使し、文体に工夫を凝らして、思想そのものが作り上げてしまう制度や虚偽に揺さぶりをかけながら、「建築性・原理性に貫かれた」思想を構築してきたように。

ただ、吉本のようにその思想の根拠を体験や「大衆」に求めることはなく、自らの思想的営為に対しむしろ意図的に根拠をもたなかったように思える。吉本が安保や全共闘を担った若者たちに向き合い、中小規模のジャーナリズムを活用しながらうったえたことを、グローバルな知識人との交流のなかで、アカデミズムの頂点をなすような秀才たちに向き合いながら語ったのだろう。知の地殻変動を吉本は在野のなかで、柄谷はアカデミズムのなかで成し遂げようとしたのだ。

「井の中の蛙は、井の外に虚像をもつかぎりは、井の中にあるが、井の外に虚像をもたなければ、井の中にあること自体が井の外とつながっている」（「日本のナショナリズム」）と、自分の足元を掘りながら虚像を排することで普遍性や他者性を獲得するのが吉本の知の習得法であった。私などは今でも勇気を与えられる言葉だが、グローバルな交通や情報のやり取りが当り前になると同時に、そのなかに容易には理解できない「他者」や「外部」に向き合わざるを得ない現代においては、古めかしい方法になってしまうのだろうか。かつて吉本は「封建的意識の残像」という言葉で、「知識を身につけ、論理的な思考法をいくらかでも手に入れてくるにつれて、日本の社会が、理にあわないつまらぬものに視えてくる」（「転向論」）とバタ臭い知識人たちを批判した。この逆転を一時的ではあったが促したのがポストモダンだと言えるのかもしれない。

●晩年の発言と思想の原則

一九九一年には湾岸戦争とソ連崩壊が起こり、それにより二〇世紀を呪縛してきた冷戦構造が終焉を迎えた。九五年におこった阪神大震災やオウム真理教の事件は市民社会に亀裂を走らせた。吉本隆明の社会情況への発言、さらに〈現在〉や歴史を読み解く思想、人間の内側を探る思想の仕事はますます広がりと深まりを見せていた。しかし九六年に海難事故に遭い、翌年には「試行」も終刊した。事故の影響を残しながら高齢を迎え始めた吉本は、9・11同時多発テロ、イラク戦争、リーマンショック、民主党政権など移り変わる時代相への発言を止めることはなかったが、その言葉は次第に語りが多くなる。最晩年には、東日本大震災が招いた福島原発の事故について、吉本は国民の多くに広がる反原発の機運を向こうに、『〈反核〉異論』でうったえた原則的な論理で原発擁護の発言を繰り返した。

二一世紀の日本の市民社会はさらに大きな変貌を重ねた。高度な情報環境は世界のあり様を均質化し、文明や社会が作りだしたさまざまなシステムが逆に社会の危機や人々の生活を脅かし始めた。社会に流通する知識は「情報」となり、文化は「サービス」になったといえばいいのだろうか。「退嬰的な進歩派は何かを無意識に畏怖し、日本列島特有の住民精神のいじけた無意志を発揮しはじめた。そして学者はすべて誰もが非難や批判をあびないような『良い事』ばかりを公的に発信しはじめた」(『情況への発言全集成』「新書版へのあとがき」)。本当は無気力で出口がないのに誰でもテレビのコメンテーターのように空疎に平等や友愛の社会倫理を唱えるしかない情況となり、吉本はオウム真理教や原発事故に向き合って、「市民社会の善悪よりも、もう少し普遍化した善悪の規模」(『超資本主義』「オウムが問いかけるもの」)とうったえ、「存在倫理」という言葉で自らの思想の原則を守ろうとして、孤立の相貌を深めていった。二十年前ならば大向こうを相手に論争に発展してもおかしくない、といたずらに空想するが、その余力は残されていないまま、3・11から一年後に永眠した。

●吉本隆明の著書の他、以下の書物を参照し、示唆をうけた。

＊勢古浩爾『最後の吉本隆明』(筑摩選書)
＊添田馨『吉本隆明　論争のクロニクル』(響文社)
＊鹿島茂『吉本隆明1968』(平凡社新書)
＊橋爪大三郎『永遠の吉本隆明』(洋泉社新書y)
＊合田正人『吉本隆明と柄谷行人』(PHP新書)
＊加藤典洋・高橋源一郎『吉本隆明がぼくたちに遺したもの』(岩波書店)
＊柄谷行人『差異としての場所』(講談社学術文庫)

＊呉智英『吉本隆明という「共同幻想」』（筑摩書房）
＊竹内洋『大学の下流化』（ＮＴＴ出版）
＊竹内洋『大衆の幻像』（中央公論新社）
＊荒木優太『これからのエリック・ホッファーのために』（東京書籍）
＊礫川全次『独学の冒険』（批評社）

大日方公男（おおひなた・きみお）
一九五七年生まれ。フリー編集者・東京新聞文化部記者。

在野研究者・本山桂川に学ぶ

礫川全次

●本山桂川と雑誌『土の鈴』

かつて、歴史民俗学資料叢書の一冊として、『性愛の民俗学』（批評社、二〇〇七）という資料集を編んだことがある。このとき以来、私は、本山桂川（もとやまけいせん）（一八八八〜一九七四）という民俗学者を、ひそかに敬愛してきた。

というのは、この本山桂川は、典型的な在野研究者であって、同時に、在野の研究者として、まさに「模範的」とも言える道を歩んできたように思えたからである。

その「模範的」な道については、このあと具体的に説明してゆくつもりだが、あらかじめ、だいたいの方向を示しておきたい。①学問研究はあくまでも「趣味」であって、それによって生計を維持しようとしているわけではない。②アカデミズムの世界や、その道の権威との関わりは避けないが、そうしたものに「服属」するようなことはしない。③他の在野研究者と広く交流し、互いに支えあい協力しあう。④研究成果が得られた場合は、その都度、公的な形で世に問う。⑤他の在野研究者に対しても、彼らがその研究成果を世に問うてゆけるよう、積極的な援助を惜しまない。

本山桂川は、柳田國男（一八七五〜一九六二）と同時代に、研究生活を送っていた。およそ、柳田と同時代に生きた学者・物書きの中で、この民俗学の泰斗に対して、本山ほど、「遠慮」なく、ものを言い続けた人は、おそらく、いなかったのではないか。

本山桂川は、早くから民俗学に関心を抱き、『土の鈴』（一九二〇〜一九二三）という研究誌を編集・発行していた。そういう本山であるから、当然、柳田國男とは交流があったし、面識もあった。しかし、柳田國男に「師事」したことは、一度もない。むしろ、「日本民俗学」の主流から距離を置き、独自の立ち位置で、研究を続けた在野の研究者だった。本山にしてみれば、柳田國男に遠慮する必要などなかったし、遠慮しようとも思っていなかったはずである。

『性愛の民俗学』の解説篇「柳田國男における性愛の民俗学」でも言及したが、本山桂川に、「南国の風俗を覗（のぞ）く」という一文がある。エログロ系の雑誌である『グロテスク』の一九二九年（昭和四）七月号に載せた文章である。そこで本山は、柳田國男に関して、次のようなエピソードを披露している（引用にあたって、表記を現代風に直した場合がある。以下、同じ）。

本朝民俗学界の大御所を以て自ら任ずる柳田國男氏はかつて琉球に旅して、島の女が肌の下にいったい何を纏うているか、あるいは纏うていないかを見極めんがために、小半日も畑の畔に蹲っていたという――これは御当人の直話だから嘘ではあるまい。そして、しびれを切らしてしゃがんでいる間に、昔、紫式部や清少納言が、何を纏うていたかという重大な問題に想到し、一つの結論に到達したんだそうである。民俗学者になるにも生やさしいことじゃない。

学問上の先輩である柳田に対し、敬意を払っている風はミジンもない。というより、かなり辛辣な書きぶりだと言える。こうした反権威主義的なところは、私にとっては、本山桂川を敬愛する理由のひとつになっている。

前掲「解説篇」において私は、柳田國男が「性」の問題を回避したという俗説に対し、若干の疑義を唱えておいた。柳田はたしかに、正面から「性」の問題を採り上げようとはしなかった。しかし、「性」の問題に対して、強い関心を持っており、造詣も相当なものがあった。そうした柳田の関心や造詣は、間接的な形で（たとえば「門弟」であった中山太郎などを通して）、後世に、一定の影響を及ぼした、と私は考えている。しかし、この問題については、今回、これ以上は触れない。

さて、最近になって、インターネット上で、小泉みち子氏の「研究ノート　本山桂川――その生涯と書誌」という論文に接した。これは、非常な労作であると思う。本山桂川について、今後、何か述べようとするものは、必ず、この小泉氏の研究を踏まえなければなるまい。

私は以前に、本山桂川が長崎で発行していた雑誌『土の鈴』を何冊か入手したことがある。みずからのブログ「礫川全次のコラムと名言」で、その内容を紹介したこともある。しかし、今回、小泉氏の論文を読むまで、私は、この雑誌が第一九輯まで発行されていたこと（一九二〇年六月「第一輯」～一九二三年六月「第一九輯」）を知らなかった。また、本山の死後である一九七九年（昭和五四）に、村田書店から、『土の鈴』全冊が復刻されていたことも知らなかった。敬愛する本山桂川に対して、いかに不勉強であったかということを思い知らされ、深く反省した。

小泉みち子氏は、前記論文の「はじめに」において、次のように述べている。

> 本山桂川は、南方熊楠、柳田國男、折口信夫、中山太郎らと同時代の民俗学者として活躍した人物だが、従来民俗学界全体の中であまり評価を受けることもなく、その著『与那国島図誌』や『日本民俗図誌』などが注目される程度であった。その桂川に筆者が関心を持つ契機となったのは、ガリ版刷りの雑誌「民俗研究」との出会いであった。
>
> その第22輯、下総八幡市の特集号を手にしたことに始まる。〔市川〕市内八幡の葛飾八幡宮で毎年9月に行われる農具市（通称ボロ市）については、非常に盛況な市であったという記述や伝承はあるものの、その具体像を示すような資料は未だ見いだし得ていなかった。とこ

ろが桂川は昭和5年〔一九三〇〕の市を前後8日間に亘って調査し、露店923店舗についてその種類と配置を全て克明に図示し、小屋掛けの方法までも種類別に記録していたのだ。そして奥付を見ると、発行所である日本民俗研究会はなんと市川町〔のちの市川市〕となっている。早速他の号にも当たり、編集後記である「三畳の書斎から」を読み進むと昭和4年〔一九二九〕3月には市川町町議会議員選挙に立候補して当選したという記述も見られた。

この部分を読んだだけで、本山桂川という研究者が、いわゆる「学者」タイプとは程遠い、在野系のユニークな研究者であったことが、よくわかる。

小泉氏が言及している『民俗研究』という雑誌を、私はまだ手にとったことはないが、おそらくこれは、本山桂川が、「三畳の書斎」で、みずから鉄筆を握って製版した雑誌であろう。というのは、本山桂川は、かつて、『謄写版印刷術の秘訣』〔文陽堂、一九二六〕という本を出版している。いわば、謄写版印刷術の「プロ」だったのである。

今、国立国会図書館の近代デジタルコレクションで、『謄写版印刷術の秘訣』を閲覧すると、そこには、本山桂川によると思われる「手書き文字」の見本が、多数、掲載されている。一方、『佐々木喜善全集（Ⅰ）』〔遠野市博物館、一九八六〕を手にとると、そこには、口絵として、『縁女綺聞』の版面〔ガリ版〕が紹介されている。この『縁女綺聞』は、本山桂川が主宰する日本民俗研究会から、「民俗文芸特輯二」として刊行されたものである〔一九三〇年五月〕。この両者の文字を比較すると、文字の特徴が酷似している。日本民俗研究会版『縁女綺聞』もまた、本山が、みずから鉄筆を握って製版したものと見て間違いないだろう。

他人の論文を紹介せんがために、みずから鉄筆を握る。——こういうことは、篤志の在野研究者でなければ、とてもできることではない。

●柳田國男に対する義憤

復刻版『土の鈴』があることを知った私は、早速、図書館でこれを閲覧してみた。すると、全一九冊のほかに、復刻にあたって編集された「別冊」というものが付いていた。別冊には、本山桂川の文章が三つ収録されていた。「『土の鈴』について」、「柳田國男とわたくし」、「コレクト・メニア」である。いずれも、初出に関するデータは記載されていない。未発表の文章を、ここで紹介したものか。

この三つの文章のうち、読んで最も興味深かったのは、「柳田國男とわたくし」であった。その最初のほうを、少し紹介してみよう。

人との挨拶の中で、民俗学を研究している旨を告げると、「それでは、あの柳田さんの……」と誰もいう。そしてわれわれまでが皆、その門下生であるかのような認定を示すのである。

民俗の研究に指を染めるようになったのは、初期の民俗学徒が誰も皆そうであったように、民間の勝手な学問として勝手な方向に進んで行ったに過ぎない。もとより柳田氏に直接相接し、また、その数々の著書を読んでいれば多少となくその言動に左右され、或は自著に引用するようなことは有り勝だが、門下生と目される程の影響は受けていない。表面師事するが如きくちぶりを筆にする折口信夫氏や中山太郎君にしても、口では門下生扱いに世間から見られることを露骨にきらっていた。

柳田氏と文通をするようになったのは、誰の紹介によるものでもなく、はっきりは記憶にないが、多分長崎で「土の鈴」を発行して、それを寄贈して以来のことと思う。この「土の鈴」は、地方における郷土民俗の刊行誌として甚だ古いスタートを持ったもので、当時中央には柳田氏の主宰する「郷土研究」（郷土研究社、一九一三〜一九一七）があり、地方には京都の「郷土趣味」（郷土趣味社、一九一八〜一九二五）とこの長崎の「土の鈴」があったのみだ。故南方熊楠翁と文通するようになったのも「土の鈴」がとりもつ縁であった。佐々木喜善君との交友もまたそうであった。（後年、神田の坂本（書店）から閑話叢書の一つとして南方熊楠翁の「南方閑話」（一九二六）、佐々木喜善君の「東奥異聞」（一九二六）を出したのもそうした関係からである。）

この文章でも、本山は、柳田國男に対し、遠慮のない口をきいている。同時に、柳田に対する対抗心を隠そうとしていない。

右に、佐々木喜善（一八八六〜一九三三）の名前が出てくる。佐々木は、柳田國男に『遠野物語』の素材を提供したことで知られている人物であるが、学者・研究者としては、概して不遇な存在であった。佐々木は、土淵村村長を辞し、仙台で生活に窮したとき、柳田國男に、朝日新聞の通信員の仕事を斡旋してもらうように頼んだ。しかし、柳田から返ってきたのは、「君のような男を朝日に世話するほど僕は朝日に不忠実ではない」という冷酷な言葉であった。その事実を、本山桂川は、佐々木本人から聞き、「義憤」を感じたと述べている（前掲「柳田國男とわたくし」）。

佐々木喜善が病没したのは、一九三三年（昭和八）九月のことであった。翌一九三四年（昭和九）五月には、早くも故人の旧稿を集めた『農民俚譚』（一誠堂）が刊行されている。企画・編集は、『東奥異聞』（坂本書店、一九二六）の時と同様、本山桂川であった。

その『農民俚譚』の巻末には、「追想　佐佐木喜善君の遺業と其晩年（本山桂川）」と題する後記が付されている。一九ページに及ぶ懇切な佐々木喜善論であって、故人の人柄と業績を語って余すところがない。

そこで本山は、この旧稿集に「縁女綺聞」という文章を収録したことについて、「一寸記して置き度いことがある」と断って、次のように述べた（一八三〜一八四ページ）。

柄にもない村長の職責は、遂に人の好い彼に禍し、或る事件の巻添えから、土淵村を放れて一家妻子共々仙台に移り住まなければならない破目に陥入れられた。仙台に移ってからの彼は、日常生活の上にも甚だ不遇であった。【中略】職を求めても元より適当な職業はなかった。或先輩に新聞通信員に斡旋して貰いたいと依頼したら、手酷しく余りにも卒直に拒絶されて、大いに憤慨した。

木訥な彼の口から直接その話を聞かされた時には、私も亦甚だ義憤を感じた。仕方なさに彼は小数の同好者を集め、エスペラントの講習会を開いたりしていた。そんな日の或る盆前であった。娘には死なれるし、何かと物入りが多いのに、どうしても工面が出来ないから、助けてくれと、白羽の矢を立てられた。同病相憐むお互のこととて、雑誌グロテスクの友人に依頼し、私自身で受取るべき稿料を、彼に廻し、そのあとで彼にも何か書けと云ってすゝめた。そうした事情から同篇の一乃至六までが初めて同誌上に発表されたのであるが、それでは気が済まぬと云って、新たに七以下の三十四五枚を書き加え、其全部を私に寄贈して寄越した。私は之を日本民俗研究会の『民俗文芸特輯』の一冊として刊行したのであった。


本山桂川は、この段階で、すでに、「義憤」という表現を使っていたのである。ただし、義憤の対象であった柳田國男の名前は出さず、「或先輩」と表記するにとどめている。

ちなみに、引用の最後にある「日本民俗研究会の『民俗文芸特輯』の一冊」というのは、本山がガリ版で発行した前掲『縁女綺聞』（「民俗文芸特輯二」、一九三〇年五月）のことを指している。

●佐々木喜善への友情

本山桂川という人は、思いやりの心があった人で、特に、佐々木喜善という人物のことは、終始、気にかけていたと思われる。柳田國男の『遠野物語』に材料を提供したのは佐々木だったが、これによって文名が上がったのは、もっぱら柳田のみだったという事実に、釈然としないものを感じていたからか。また、人生最大の窮地に立っていた佐々木が、柳田に助けを求めて拒絶されたことを聞き、「義憤」を感じたという理由も、当然あったと思う。

ちなみに、前掲『農民俚譚』の後記で、本山は、次のようなことも述べている（一七三〜一七四ページ）。

陸中遠野郷の一角が、民俗研究上の宝庫と目せらるゝに到った抑（そもそも）の初まりは、云うまでもなく柳田國男氏の手によってものされた『遠野物語』に負うものである。同書は明治四十三年〔一九一〇〕六月、東京聚精堂の発兌（はつだ）に係（かか）り、扉には「此書を外国に在る人々に呈す」と書いてある。その序文の冒頭に曰く、

此話はすべて遠野の人佐々木鏡石君より聞きたり。昨明治四十二年〔一九〇九〕の二月頃より始めて夜分折々訪ね来り此話をせられしを筆記せしなり。鏡石君は話上手は非ざれど

も誠実なる人なり。自分も亦一字一句をも加減せず感じたるまゝを書きたり。思ふに遠野郷には此類の物語猶数百件あるならん。我々はより多くを聞かんことを切望す。国内の山村にして遠野より更に物深き所には又無数の山神山人の伝説あるべし。願はくは之を語りて平地人を戦慄せしめよ。此書の如きは陳勝呉広のみ〔陳勝と呉広は、秦を滅ぼした農民反乱の指導者〕。云々。

鏡石は佐佐木君の旧号であった。当時年僅かに二十四五歳、夜々柳田氏の旧邸に、あの巨軀を運んで、四十項、百十九目の『物語』を、吃々として〔ママ〕提供したのである。

いつも私かに思うことだが、あの頃から佐佐木君自身に遠野物語を書かしめていたとしたら、民俗学界に於ける彼が其後の研究態度なり、方向なり、乃至は其地位なりに、如何なる変化を示したであらうか。彼がそれを敢てしなかったことは、少くとも東北民俗探究のために、残念な事であったような気もする。

本山桂川は、ここでは、柳田國男の名前をハッキリ挙げている。

しかも本山は、「あの頃から佐佐木君自身に遠野物語を書かしめていたとしたら、……」と述べている。要するに、柳田國男に「材料」を提供することなく、佐々木喜善〔鏡石〕自身が『遠野物語』を書いていたとしたら、民俗学の世界における佐々木喜善の位置にも変化があったはずだし、そもそも、日本の民俗学の方向そのものも違ったものとなっていただろうと、本山は述べているのである。

これは、柳田國男を中心として展開してきた「日本民俗学」に対する、強烈な批判である。本山は、この後記を書いて以来、柳田と「甚だ疎遠になった」と述べているが（前掲「柳田國男とわたくし」）、そういうことは、十分にありえたことだと私は思っている。

『農民俚譚』の後記から、もう一か所だけ、引用させていただきたい。その最後のほうに、次のようにある（一八六ページ）。

> 仙台に於ける彼が最後の仕事は、『民間伝承』という雑誌の創刊であった。創刊に当っては、前後殆ど五十日間、無理な工風に日夜を費した挙句、遺憾ながら謄写版刷でしか出せないということになった。私は自分の経験から、其仕事の労して効なき所以を指摘し、極力思いとゞまるように忠言した。大方の人がまことによい思い付きだ、大いにやってくれと、無責任なる賛意を表するに反し、止めろというのは君だけだと、感謝はされたものの、彼としては何としても思い切れなかったと見え、昭和七年（一九三二）三月其創刊号を出し、次で第二号が五月に出た。それも、第二号からは半紙判五十頁の原紙を一切自分で書いた。しかも初め六十頁分書き、鉄筆を擱いてさて刷って見ると不馴れの悲しさ、すっかり駄目だった。それを全部棄てゝ、再びやり直すという惨憺たる苦心であった。「そのために完全に私はまゐつてしまつて一週間ばかり病気になつた」と編輯後記に書いているが、実は彼の病気は、そ

れよりも前に無理が嵩じていたのである。

佐々木喜善が、『民間伝承』という雑誌をガリ版刷りで出そうとしたとき、本山桂川は、思いとどまるように忠告した。これは、なかなかできることではない。

本山は、『謄写版印刷術の秘訣』という本を出していたプロの職人である。みずから鉄筆を握り、多くの本を出版してきた経験を持っていた。そして、そうした事業が、「労して効なき」ことを、よく知っていた。一方で、佐々木喜善は、ガリ版刷りに関しては、まったくの素人であった。

佐々木は、プロである本山の忠告を容れるべきところだった。しかし、そうはしなかった。雑誌創刊に賭ける彼の気持には、それだけ熱いものがあったのであろう。また、佐々木にしてみれば、本山にできたことが、自分にできないはずはないという「意地」も、あったのかもしれない。

結果的に言えば、この雑誌に伴う「苦労」が、佐々木喜善の寿命を縮めたと見てよかろう。佐々木自身の回想するところによれば、一九三二年（昭和七）三月五日に、『民間伝承』の創刊号が出来上がったと聞き、六日の朝、印刷屋に向かう途中、街頭が「真赤」になり、そのまま倒れたという（創刊号「編輯後記」）。

このときは、いったん回復したようで、同年五月に第二号を出しているが、この際、非常な無理を侵したことは、本山の回顧談にあった通りである。

翌一九三三年（昭和八）の九月二九日、佐々木喜善は帰らぬ人となった。享年四十八歳。『民間伝承』の第三号は、遂に発行されることがなかった。

●功なき研究を持続する力

佐々木喜善に対して、雑誌をガリ版で発行することは、「労して効なき」ことだと説いた本山桂川であったが、そういう本山自身は、ガリ版刷りの雑誌『民俗研究』を、一九二八年（昭和三）二月発行の第一輯から、一九三三年（昭和八）二月発行の五十輯まで、出し続けている。小泉みち子氏が注目した『民俗研究』第二十二輯（「下総八幡市」特集）は、一九三〇年（昭和五）一一月に発行された。「労して効なき」ことを知りながら、こうして、ガリ版刷りの雑誌を出し続けた本山の「気力と体力」に、恐れ入った。あるいは、「持続力」とでも言うのであろうか。

しかも、本山は、八十六歳という長寿を全うし、一九七四年（昭和四九）一〇月一〇日に亡くなっている。雑誌『政界往来』の同年八月号に載った「戸田浦（へだうら）造船始末」、同誌同年一〇月号に載った「民俗信仰二題」が、生前、最後の原稿と思われる。つまり、亡くなる直前まで、原稿を書き続けていたわけである。

本稿の冒頭で私は、本山桂川という民俗学者は、典型的な在野研究者であって、同時に、在野研究者として、「模範的」とも言える道を歩んできたと書いた。そして、その「模範的」な道について、とりあえず、①から⑤までの方向性を挙げておいた。種を明かせば、これらの五つの方向性は、本山桂川という稀有な在野研究者を念頭に置いた上で、挙げたものであった。
しかし、稿を終えるにあたって、在野研究者の「模範的」な道に、六番目、七番目のものを付け加えなければならないと感じる。⑥どんな悪条件にもひるむことなく、また「労して効なき」ことを十分に承知した上で、研究と発表を続けられるだけの気力・体力・持続力を持っている。⑦長寿を保ち、死ぬまで研究と執筆を続けられる。——このふたつである。

礫川全次（こいしかわ・ぜんじ）
一九四九年生まれ。在野史家。歴史民俗学研究会代表。
著書に、『独学の冒険』『史疑　幻の家康論』『大津事件と明治天皇』『サンカ学入門』『攘夷と憂国』『PP選書日本保守思想のアポリア』『サンカと三角寛』『知られざる福沢諭吉』『アウトローの近代史』『日本人はいつから働きすぎになったのか』『サンカと説教強盗』『異端の民俗学』。
共著書に、『攘夷と皇国』、『宗教弾圧と国家の変容』。編著書に、歴史民俗学資料叢書（第1期、第2期、第3期・各全五巻）ほか。

あとがき

いまここに、執筆者の全原稿が入力されたゲラがあります。それに目を通した上で、この文章を書いています。文字通りの「あとがき」です。

各収録論文について、最少限の紹介をおこなうことで、「在野学」のイメージ、あるいは本書の趣旨を、明らかにできればと考えています。各執筆者のプロフィール、論文の初出などについては、各論文の末尾に付記されていますので、そちらをご覧ください。

論文の配列は、おおむね原稿の到着順です。そこに深い意味はありませんが、藤井良彦さんの「公教育」論のあとに、芹沢俊介さんの「親問題」論がはいるなど、結果的に、うまい具合になっています。

山本義隆さんの「一六世紀文化革命」については、「はしがき」で言及しましたので繰り返しません。『ルネサンス』と『一六世紀文化革命』」は、『一六世紀文化革命』1・2（みすず書房）の発刊（二〇〇七年四月）を受けて、発表された文章です。

藤井良彦さんの「学なき学校教育、公の理念なき公教育」は、書き下しです。論文でも触れられていますが、藤井さんは、「中学校に一日も通わなかった」そうです。そうした体験をふまえたラジカルな公教育論です。なお、藤井さんには、「独学者たちの啓蒙主義」（二〇一五）という論文があり、これはインターネットで公開されていますので、併せてご参照ください。

芹沢俊介さんの「思想としての在野学」は書き下しです。私は、一九七〇年代半ばに日本経済新聞に載った芹沢俊介さんの家族論を読み、衝撃を受けた覚えがあります。詳細は覚えていませんが、北海道で起きた一家心中を論じたものだったと記憶します。今回の「思想としての在野学」も家族論です。芹沢家族論の最も本質的な部分が、さりげなく語られています。

八木晃介さんの「在野学としての〝社会学〟」は、社会学という学問を、その誕生から問い直し、「在野学」として位置づけた画期的な論考です。ユダヤ人社会学者G・ジンメルは、「排除されていない者は包括されている」と言ったそうです（本書一〇五ページ）。そのジンメルに深く学んだはずの清水幾太郎は、その晩年、急速に右転回し、「治安維持法」を肯定するにいたりました。日本における社会学のあり方について、深く考えさせられた論考でした。

高岡健さんの「柳田国男の〈資質〉についての断章」は書き下しです。この論考については、「はしがき」で言及しましたので繰り返しません。

福田護さんの「関東軍参謀将校の独白」は、既発表の「ある参謀将校の独白」を踏まえていますが、事実上、書き下しです。今回、そのふたつを併せて紹介しました。世に言う「正史」を覆し、それを相対化する証言が紹介されています。話者の樋口季一郎（元・関東軍参謀将校）も在野的な人物のようですが、その証言を引き出し、再話されている福田護さんもまた、在野の精神に富んでいます。

大日方公男さんの「吉本隆明の『在野的精神』」は書き下しです。この論考についても、「はしがき」で言及しました。なお、大日方公男さんは、吉本隆明のまわりに集まってきた「独学者」として、三浦つとむ、谷川雁、村上一郎、内村剛介、菅谷規矩雄、そして芹沢俊介さんの名前を挙げています（本書一七八ページ）。

礫川の「在野研究者・本山桂川に学ぶ」は、敬愛する在野研究者、民俗学者である本山桂川の紹介です。今回、この在野的精神に富む研究者を紹介することで、責めを塞ぎました。

最後に一言。藤井良彦さんは、本書七二ページで、「机はよく選ばなければならない」と言われています。「机」とは、藤井さんによれば、「勉強する場所」のことです。だとすれば、それは、ともにまなぶ学友のいる場所という意味でもあるでしょう。「在野学」に興味を抱いている方々にとって、あるいは独学に励まれている方々にとって、本書が、そうした「机」の役割を果たせることを願っています。

二〇一六年四月二一日

礫川全次

在野学の冒険
——知と経験の織りなす想像力の空間へ

2016年5月25日　初版第1刷発行

編　者……礫川全次

装　幀……臼井新太郎

発行所……批評社
〒113-0033　東京都文京区本郷1-28-36　鳳明ビル102A
電話……03-3813-6344　fax.……03-3813-8990
郵便振替……00180-2-84363
Eメール……book@hihyosya.co.jp
ホームページ……http://hihyosya.co.jp

組　版……字打屋

印刷所……㈱文昇堂＋東光印刷
製本所……㈱越後堂製本

乱丁本・落丁本は小社宛お送り下さい。送料小社負担にて、至急お取り替えいたします。

ISBN978-4-8265-0642-7 C0030